新时代发展普惠金融的财政支持政策研究

Research on Fiscal Support Policies for
Developing Inclusive Finance in the New Era

徐晟 著

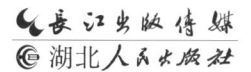

湖北人民出版社

图书在版编目（CIP）数据

新时代发展普惠金融的财政支持政策研究 / 徐晟著. — 武汉：湖北人民出版社, 2023.6
ISBN 978-7-216-10648-1

Ⅰ.①新… Ⅱ.①徐… Ⅲ.①金融业—商业服务—财政政策—政策支持—研究—中国 Ⅳ.①F832

中国国家版本馆CIP数据核字（2023）第093459号

责任编辑：刘天闻
封面制作：董 昀
责任校对：范承勇
责任印制：肖迎军

新时代发展普惠金融的财政支持政策研究
XINSHIDAI FAZHAN PUHUI JINRONG DE CAIZHENG ZHICHI ZHENGCE YANJIU

出版发行：湖北人民出版社	地址：武汉市雄楚大道268号
印刷：武汉市籍缘印刷厂	邮编：430070
开本：787毫米×1092毫米 1/16	印张：11.25
字数：202千字	插页：3
版次：2023年6月第1版	印次：2023年6月第1次印刷
书号：ISBN 978-7-216-10648-1	定价：68.00元

本社网址：http://www.hbpp.com.cn
本社旗舰店：http://hbrmcbs.tmall.com
读者服务部电话：027-87679656
投诉举报电话：027-87679757
（图书如出现印装质量问题，由本社负责调换）

国家社科基金后期资助项目
出版说明

　　后期资助项目是国家社科基金设立的一类重要项目，旨在鼓励广大社科研究者潜心治学，支持基础研究多出优秀成果。它是经过严格评审，从接近完成的科研成果中遴选立项的。为扩大后期资助项目的影响，更好地推动学术发展，促进成果转化，全国哲学社会科学工作办公室按照"统一设计、统一标识、统一版式、形成系列"的总体要求，组织出版国家社科基金后期资助项目成果。

全国哲学社会科学工作办公室

目 录

导 论 ·· 1

第一章 财政支持普惠金融发展的理论基础 ································ 15
第一节 普惠金融的概念和发展 ·· 15
第二节 普惠金融相关理论 ·· 18
第三节 财政支持普惠金融相关理论 ······································ 23

第二章 财政支持普惠金融发展的国内外实践 ···························· 28
第一节 国内外普惠金融的发展模式 ······································ 28
第二节 国外财政支持普惠金融的方式及启示 ·························· 41

第三章 我国财政支持普惠金融发展的效应分析 ························ 50
第一节 财政支持普惠金融的相关政策分析 ····························· 50
第二节 财政支持普惠金融发展的成效分析 ····························· 67
第三节 普惠金融发展财政支持工具的效力分析 ······················· 80
第四节 支持普惠金融发展的政府边界的厘定 ·························· 87

第四章 新时代普惠金融可持续发展路径分析 ···························· 90
第一节 新时代背景下普惠金融的特点 ··································· 91
第二节 新时代普惠金融的可持续发展要求 ····························· 94
第三节 新时代普惠金融可持续发展的着力点 ·························· 95
第四节 普惠金融可持续发展中的风险防控问题 ······················· 99
第五节 新时代普惠金融可持续发展的路径分析 ····················· 104

第五章 财政支持普惠金融发展的调研情况 ······························ 110
第一节 宜昌财政支持普惠金融调研情况 ······························ 110

第二节　广州财政支持普惠金融调研情况 …………………… 116
　　第三节　宜昌、广州财政支持情况异同分析 ………………… 125

第六章　财政支持普惠金融发展的实证检验 …………………… 132
　　第一节　引言 …………………………………………………… 132
　　第二节　文献综述与研究假设 ………………………………… 134
　　第三节　研究设计 ……………………………………………… 137
　　第四节　实证分析 ……………………………………………… 139
　　第五节　结论与建议 …………………………………………… 151

第七章　优化财政支持普惠金融可持续发展的方式 …………… 153
　　第一节　新时代普惠金融可持续发展中的政府定位思考 …… 153
　　第二节　新时代普惠金融可持续发展中的财政支持方式 …… 157

参考文献 …………………………………………………………… 167

后　　记 …………………………………………………………… 176

导　论

一、研究背景与意义

（一）研究背景

长期以来，我国的金融资源配置水平十分不均衡，金融行业盛行的"二八定律"导致金融服务存在排斥性，城市与农村的金融资源分配不均，高净值人群与低收入群体的金融资源可得性相差极大，大型企业融资简单而小微企业融资困难。经济结构以及社会结构因为这种割裂、失衡、不可持续的传统金融体系而难以优化，因此，建立普惠金融体系（Inclusive Financial System）的重要性和紧迫性日益突出。2013年11月党的十八届三中全会通过了《中共中央关于全面深化改革若干重大问题的决定》，将发展普惠金融作为全面深化改革的重要内容，2015年12月国务院印发的《推进普惠金融发展规划（2016—2020年）》首次将发展普惠金融作为国家战略规划。

构建普惠金融体系应严格按照使市场在资源配置中起决定性作用的原则，但同时也不能离开政府的作用。在我国，区域之间、城乡之间的金融发展水平存在巨大差异，普惠金融旨在将更多资源配置到贫困地区以推进当地经济发展，促进收入平衡，但由于我国农村地区缺少大型商业银行的网点，致使农村信用合作社获得了垄断地位。这种现象会提高农民获取金融服务的成本，致使金融产品的创新性不足，制约了经济发展与资源配置，因此需要政府发挥"看得见的手"的作用，完善相应制度来提高金融资源配置的效率。一方面，成本高、风险大以及收益率低的特点使得金融机构缺乏参与普惠金融的积极性，如果仅仅依靠市场，普惠金融难以达到最优的发展水平。另一方面，普惠金融具有公共物品的性质，若仅依赖金融机构自身的作用，会导致普惠金融发展不足，因此需要政府从政策与财政支持等角度出发，进行适当的引导调节，加强金融基础设施建设。在这过程中，金融机构难以全面掌握金融参与者的信息，需要政府参与普惠金融，健全相应的征信体制和风险管理体制。大量研究指出,政府一定程度上可以解决金融市场失灵问题、促进普惠金融;然而,若是政府过度参与,不仅不会解决市场失灵的问题,还会加剧问题的严重程度。因此,发展普惠金融要厘清政府与市场的关系,给"看得见的手"限定一个操作范围。同时,优化推动普惠金融中政府的作用,通过建立金融基础设施,完善法律法规、监管体制,创造良好的生态环境来促进普惠金融,最终形成有效的市场和有为的政府互为补充、良性互动的局面。

财政支持是政府参与推动普惠金融发展的最重要的手段之一,在2016年,财政部发布《普惠金融发展专项资金管理办法》,开始统一拨付资金用以助推普惠金融发展。到如今,财政部已连续多年拨付专项资金,无法否认的是在专项资金的支持下,我国的普惠金融取得长足发展。与此同时,浮现出的一些问题也亟待解决,到目前为止,专项资金主要被用到业务奖励、贷款贴息和费用补贴等方面,为的是引导社会及政府部门积极参与到普惠金融的建设当中。而实际中部分金融机构出于降低管理成本等目的,往往很难选择出真正有偿还资金能力的资金需求者,专项资金不足以为普惠金融提供充足动力,导致空有普惠金融之名号却不能实现普惠金融之功能。

基于以上分析,本书在研究普惠金融发展的国内外经验、探讨国内外财政支持普惠金融方式的基础上,总结我国财政支持普惠金融发展的效果,并分析在新时代下普惠金融可持续发展路径,最后分析我国优化财政支持普惠金融可持续发展的方式。

(二) 研究意义

在构建普惠金融体系的过程中,政府的作用受到的关注持续提升。许多研究者认为,普惠金融需要依靠政府来提供相应的基础设施,这可以缓解金融排斥和市场失灵。然而政府参与可能把握不好参与边界,矫枉过正,不能高效利用资源,出现"政府失灵"的问题。可见,平衡政府与市场的关系、明确政府职责范围是推动普惠金融发展的重要组成部分。从我国目前已有政策来看,《推动普惠金融发展规划(2016—2020年)》已明确提出"政府引导、市场主导"的基本原则,但部分地方政府"一刀切"的施政方式导致该原则贯彻过程中出现不愿伸手、伸手过长和应付式伸手等问题。

我国目前正处于从小额信贷、微型金融到普惠金融的转折阶段,既需要市场充分展现自我调节能力,又需要政府加以引导,形成有效的市场和有为的政府良性互动的和谐局面。在此背景下,为建立适合我国国情的普惠金融体系,我们需要以国外成功经验为指导,把握政府与市场在普惠金融发展中的边界。充分发挥市场与政府各自的力量来推动我国普惠金融发展。

在发展过程中,参与者可能会面临较高的交易成本,这种问题如果仅通过市场这种"无形的手"难以快速有效地加以解决,此时需要政府这种"有形的手"进行调节,降低交易成本。本书研究财政支持对普惠金融发展的影响,从经济效应和财政效应两方面入手,研究财政支持促进普惠金融发展的可行性。财政提供支持是为了建立良好的普惠金融发展环境,推动其健康可持续发展,解决金融排斥问题。

进入新时代,我国更加重视解决金融排斥问题来提高金融的公平性。小微企业和"三农"群体融资难、融资贵的问题一直是我们国家财政政策和货币政策关注的重点。党的十八大以来,我国普惠金融发展成效显著,但仍旧面临着资源配置不平衡和不充分的问题。普惠金融风险高、收益低,以及该如何遵循市场规律等问题尚未得到解决,如何推进普惠金融的可持续发展也是一个值得讨论的问题。本书对普惠金融的可持续发展要求进行讨论,并从多方面出发,探讨普惠金融的可持续发展路径。

本书的研究成果能够给政府部门提供一定的借鉴和参考,有利于政府合理定位,使市场和政府在不同领域和不同层次充分发挥各自的作用。

二、国内外文献综述

(一)普惠金融的基础理论

"普惠金融"概念最初是为解决金融排斥问题提出的。按照世界银行的定义,"普惠金融"是指能够没有价格、非价格障碍地给所有阶层和群体提供合理、便捷、安全的金融服务的金融体系。肯普森和怀利(Kempson & Whyley)(1999)、萨尔马(Sarma)(2010)指出传统金融体系的金融排斥现象导致部分群体被排除在金融服务体系之外。孔科(Koku)(2015)研究发现欧洲发达国家追求市场自由化的结果是金融排斥现象严重,金融覆盖率持续下降。他认为资金排斥的问题需要通过普惠金融来解决,偏远地区的经济发展需要获得足够的金融资源。

对于普惠金融的定义和本质,国内学者已经有十分经典的阐述。周小川(2013)指出,普惠金融至少包括四个特征:一是所有个人和企业都能以合适的价格获得金融服务;二是金融机构提供具有差异性的服务,消费者有更广的选择面;三是金融机构在进行内部风险控制的同时也要接受外部的审慎监管,从内外两方面入手保证金融机构稳健运行;四是要确保金融业提供金融服务的可持续性。星焱(2016)归纳了普惠金融的"5+1"界定法,包括5个核心功能:可持续性、价格合理性、便利性、安全性、全面性;1个特定的服务对象,即小微企业、低收入群体、社会弱势群体等。

对于发展普惠金融的意义,伊斯特利(Easterly)(2006)认为,对于大多数的发展中国家来说,普惠金融可以缓解它们在金融深化过程中遇到的金融排斥等问题,更可以帮助他们减少贫困以推动经济发展。焦瑾璞和陈瑾(2009)从金融发展角度入手,认为全体公民平等享受金融服务的理念在普惠金融身上得以体现,这是对现有金融体系的反思和完善。杜晓山(2010)认为,普惠金融使金融普遍惠及几乎所有群体,其主要目的是为经济欠发展地区的群体提供金融服务。普惠金融有效降低金融提供方和需求方的成本,已成为国家主流金融体系的一部分。王曙光和王东宾(2011)认为普惠金融发展在一定程度上可解决贫困问题,增加居民收入,进而扩大内需、解决城乡差异过大的问题,利于推动经济高质量可持续发展。李涛等(2016)同样从经济增长的角度出发,认为普惠金融对经济发展的影响主要取决于金融中介发展的广度,金融中介是金融市场上的中坚力量,是金融创新的主力军,金融中介在普惠金融体系中比传统金融体系中的作用更加突出。同时,他们也建议警惕普惠金融发展过程中信贷扩张可能带来的风险。刘亦文和丁李平(2018)发现,普惠金融对经济的促进作用随着其发展程度的提升而提高,因此可以从推进普惠金融区域协调发展、健全征信支付体系和普惠金融基础设施建设、鼓励金融创新等角度出发,推进我国普惠金融。当前我国在实施普惠金融政策时存在一些局限性。何德旭和苗文龙(2015)指出,首先,普惠金融的实施方法过于单一,限于财政拨款和政策支持;其次,即使政府对其有足够的重视,提供了足够的拨款与支持,各类金融机构也可能出于降低成本的目的,在落实政策时放弃部分合适的服务对象,从而难以充分发挥普惠金融的作用。

金融机构以低利息向小微企业、"三农"群体提供小面额贷款是普惠金融的手段之一,但小额信贷不能完全等同于普惠金融。李明贤和叶惠敏(2012)认为小额信贷是普惠金融的基础理念与先期实践,普惠金融是小额信贷的进一步发展深化。他们的研究指出,为推动普惠金融体系的发展,一要鼓励金融机构创新;二要督促金融机构转变思维理念;三要调动非政府组织、民间信贷和小额信贷的积极性,发挥正规商业金融机构的优势,发放小额信贷并控制好风险;四是要推进金融基础设施的完善。

(二) 金融市场失灵与政府边界

市场失灵的问题在金融市场上时有发生,这使得金融资源难以有效配置。在这种情形下,需要政府积极参与,对市场失灵问题及时加以纠正。

吴亚飞和吴继光(2004)指出,金融市场的失灵体现在以"蔓延症"为代表的外部性、金融中介在监管中的搭便车以及逆向选择、道德风险问题;政府干预金融的一般原则包括确定政府应该退出的领域、促进市场竞争、弥补信息不对称问题以及提供公共产品。

张世春(2010)认为,政府可以通过对贫困者进行文化、技能方面的培训,提高贫困人群的金融素质,与非政府组织进行合作促进普惠金融,各方发挥自身优势向贫困者提供金融服务。

俞罡(2005)认为,政府工作重点是调节和引导金融发展方向,政府不是直接参与经营,而是对经济进行适当干预;企业去留最终由市场决定,政府只能在有限范围内保护处于相对弱势地位的存款保险人。刘胜起(2010)研究认为为保证现代市场经济的平稳有效运行,政府和市场二者缺一不可,要坚持政府和市场的友好合作。杜超(2015)认为在普惠金融发展过程中不仅需要市场的主导,也需要政府的干预,既需要政府去解决金融排斥、市场失灵问题造成的影响,又需要市场去解决政府的过度干预造成的低效率的问题。并将两者的共同作用分为了三个阶段,认为在普惠金融市场建立初期主要是政府发挥引导作用,在普惠金融市场初步成熟阶段,依靠政府和市场共同发挥作用,在普惠金融市场逐渐完善的阶段,则是利用市场来发挥它有效配置资源的作用。王婷婷和吴建平(2016)认为目前我国普惠金融发展刚刚起步,仍需要政府部门进行宏观调控,但要明确划定政府参与普惠金融的边界。姜再勇和魏长江等(2017)认为政府通过提供财政和政策支持;培育金融市场参与主体,促进金融行业充分竞争;同时通过完善金融基础设施以及征信体系建设等方式参与普惠金融,但是他们也认为,要控制政府参与金融干预的领域与干预的力度,在能干预的领域干预,在需要干预的时间干预。贝多广和张锐(2017)探讨了在包容性增长背景下,认为政府的工作重心应该是建设征信体系、支付体系、金融指标体系、机构体系以及监管体系等普惠金融基础设施,提出要根据我国具体情况,合理发挥好政府的引导作用。张龙耀和马倩倩等(2018)研究了普惠金融的群体差异性,发现与城镇家庭和移民家庭相比,农村家庭更多从民间借贷,较少利用银行账户及信用卡向银行借贷。他们认为:农村金融市场中高成本以及高风险是群体差异的起因,同时在当前,要推动普惠金融发展,离不开有效的政策措施和金融领域的技术创新。阚晓西(2018)提出政府要厘清自身参与普惠金融的边界,其中具体包括明确普惠金融与社会扶贫、财政转移支付之间的联系与区别;确定普惠金融目标对象;政府干预的时点和领域;合理地调控风险;有区别地审慎参与。李亚奇(2019)研究发现,制约普惠金融可持续发展的因素为较高的营运成本,而高成本问题单纯地通过市场化方式难以得到解决,因而需要借助国家财政补贴来降低财务成本。

(三)普惠金融中的政府定位与财政支持

对于政府如何在普惠金融发展中发挥作用,阿罗拉(Arora)(2010)提出政府当局应当分别从宏观、中观和微观层面构建农村普惠金融发展战略框架,并形成与之相对应的宏观、中观和微观的农村金融政策方案。焦瑾璞(2010)指出,政府要积极地参与到普惠金融体系的建设当中:一是提供创新空间,激发金融市场上供给者的创造活力;二是加强财政支持,引导和鼓励金融机构发展;三是要制定规章制度等宏观金融政策。星焱(2015)研究发现,政府的决策行为对推动普惠金融至关重要,但是考虑到政府直接干预可能造成的挤出效应,他认为政府可以从营造市场环境、完善基础设施、保护金融服务相关者权益以及合理监管等几个方面着手推动普惠金融发展。姜再勇等(2016)指出,政府参与普惠金融主要包括提供财政和金融政策支持、加强金融基础设施建设、促进金融业充分竞争、加强普惠征信体系建设四种方式。蓝虹和穆争社(2017)认为普惠金融需要保持一定的商业性,并在此基础上探索可持续性,金融机构要开发能够满足弱势群体需求且成本适当的金融产品,推进普惠金融可持续性发展。

对于财政支持普惠金融发展,焦瑾璞(2010)指出政府要通过财政刺激等手段引导金融机构主动增强服务的普惠性,加强贫困地区金融服务的可得性。时波(2018)指出,财政补贴和奖励在中短期内是为了帮助普惠金融服务达到全覆盖,由于金融机构在基层开展普惠金融工作的成本较高,适当的财政奖补可提高他们的积极性并降低基层金融服务的成本,需要与这一过程相结合的还有适当的产业引导,形成相互验证机制,当形成规模效应使得成本逐步降低,财政政策也就到了逐步退出的时候,此时政府可将手里引导产业的指挥棒交还到市场手里。但同时,也有学者研究指出了财政手段的缺陷与不足,如卢斯克(Lusk)(2016)研究认为,财政补贴会损害社会整体福利,而不能促进普惠金融及金融市场发展。李亚奇(2018)认为,对普惠金融的财政支持政策必须考虑金融机构运营成本的结构差异、投资效率约束、金融供需失衡、金融消费者获取成本的结构差异等动态因素。刘辉(2014)以陕西为例,指出在目前的财政支持上,存在小额担保贷款支持不足、涉农金融奖补政策与基层实际不符、地方财力有限、奖励政策的标准较高和普惠信贷产品创新不足等问题。李亚奇(2019)通过分析普惠金融发展面临的财务成本制约,认为长期的财政支持可能会加剧信息不对称程度,提出各地方政府在对普惠金融进行财政支持时要注意根据实际情况,动态选择合适的财政支持策略,要通过财政资金的供给侧、需求侧等综合因素的变动,引导市场提高普惠金融服务的质量,降低普惠金融服务的价格,进而提高普惠金融可得性、覆盖率。在国家政策方面,财政部将资金更多地投向小微企业和"三农"主体,以此进一步优化财政支持普惠金融政策[①];从税收、农业信贷担保、农业保险等方面提升普惠金融财政政策效果。李亚奇(2019)认为财政支持普惠金融还需要考虑到其他费用及资本收益率,适当协调使得普惠金融服务的供给与需求达到平衡,同时兼顾各地区的实际发展情况,因地制宜,即根据不同地区各自的特点采取合适的财政支持措施;政府财政要重点支持普惠金融技术创新和组织创新,降低普惠金融交易费用,减少政府直接干预,加强财政政策和货币政策的协调配合。

(四)数字普惠金融

普惠金融的目的是解决贫富差距悬殊的问题。但传统金融机构的高成本性和盈利需求无法兼容,因此到目前传统普惠金融发展受阻。2016年9月《G20数字普惠金融高级原则》的公布,为数字普惠金融发展提供了规则支撑。2016年GPFI[②]对"数字普惠金融"的定义:"数字普惠金融"泛指一切通过数字化的手段提供金融服务,以促进普惠金融发展的行为。

黄益平(2017)指出数字普惠金融有关的互联网金融发展指数以及市场设施等都在呈逐年上升的趋势,认为数字普惠金融的发展呈向好趋势,但是数字普惠金融也存在征信难等原因所导致的高风险问题。姜振水(2017)提出在我国要推动普惠金融的发展,有互联网技术保证,国家政策推动等良好条件,但也存在基础金融服务缺失,客户信息难以全面获取等一系列困境,为此可以从顺应金融科技发展态势,解决农村基础金融服务缺失,多维度获取客户数据并且扎实做好数据采集和应用的基础性建设等角度出发,促进我国农村普惠金融发展。黄益平和黄卓(2018)认为数字金融支持普惠金融发展具有得天独厚的优势,同时指出未来的学术研究可以从普惠金融与实

---

① 赵白执南.财政部:优化财政支持普惠金融发展的政策[N].中国证券报,2018-07-17.
② CPFI:全球普惠金融合作伙伴组织。

体经济发展、传统金融部门、实体经济的发展以及金融创新等角度研究普惠金融未来的发展。

朱民武、曾力等(2015)提出了当下普惠金融的路径选择问题,认为监管者要引导互联网金融向普惠金融方向发展;政府要加快普及移动支付为普惠金融提供硬件基础;要发展以市场为导向的征信体制,鼓励互联网公司参与征信,降低普惠金融过程中的交易成本和违约风险;要加强对普惠金融参与者的伦理道德建设,提高普惠金融参与者的自觉性。但是也有学者指出,现实情况下,数字金融发展会与普惠金融的目标相背离,如丁杰(2015)认为相比于小微企业和低收入群体,互联网金融更愿意为大企业和高收入群体服务,互联网金融也存在着金融排斥现象。相对于传统金融业务,高昂的利息费以及平台服务费等一系列附加费用也增加了互联网金融参与者的成本。以上互联网金融存在的问题,都与普惠金融的本质相背离。因此他提出可以利用互联网金融在大数据获取方面的独特优势让大数据服务于风险控制;开发互联网小额金融产品,建立更有效的沟通机制,对传统金融行业进行补充;同时,互联网金融必须处在有效的监管框架之下,对于层出不穷的互联网金融产品,需要有相关法律法规及时的跟进。

陆岷峰和沈黎怡(2016)认为在绿色金融理念下,要通过制定数字普惠金融下消费者权益保护法、完善试产准入和退出机制、健全监管体制、促进行业自律机制的形成等方式,保护数字普惠金融中消费者权益。谢绚丽和沈艳等(2018)认为数字普惠金融能够激励创业,对于农村人口较多的省份以及注册资本较少的小微型企业,激励作用更加明显。

(五) 普惠金融发展后对金融业的影响

我国金融业积极响应国家政策的号召,注重产品、服务等方面的普惠性,同时注重客户信息收集和风险管理。

我国银行业为支持普惠金融更好发展采取了一系列措施。陆岷峰、李蔚(2019)认为在金融供给侧结构性改革中,推动实体经济发展是商业银行的重要任务,大力开展普惠金融业务。中国建设银行前行长刘桂平指出银行要有过硬的本领去推动普惠金融的转型,刘桂平认为,银行首先要有数据整合能力,其次要有网点服务能力,最后还要有合适的组织体系和政策配套。[1]交通银行广东省分行从普惠金融团队建设等角度完善普惠金融服务体系、打造"线上+线下"普惠服务平台以及健全风险管理机制等角度出发,

---

[1] 陆宇航.建行行长刘桂平:以过硬本领促进普惠金融转型[N].金融时报,2019-07-02(002).

进一步服务小微企业。[1]2018年10月,上海银行发布《供应链金融助力普惠金融业务方案》,认为供应链金融可以完美匹配普惠金融,并且相比传统金融,供应链金融在改善小微企业信用评级、提高资源利用效率、提升经营管理水平等方面拥有较强优势,因此供应链金融最终有利于提高普惠金融的服务能力。[2]在接受《中国金融家》独家专访时,中国光大银行前行长葛海蛟说"普惠金融事关国计民生,是光大银行履行政治责任和社会责任的必然选择,也是我们最郑重的承诺",自2018年以来,光大银行积极响应国家普惠金融战略部署,重点解决普惠金融重点关注对象的融资问题。光大银行先后成立一系列与普惠金融相关的部门,采取一系列措施提高客户经理从事普惠金融业务的积极性,并借助现代信息技术手段提高普惠金融服务效率。[3]江西瑞金光大村镇银行提出"两融一创",即党建工作与业务发展相融合,党性修养与能力提升相融合,以一流党建创一流村镇银行的工作方式和发展模式。瑞金光大村镇银行通过打造学习型团队、开展红色教育等措施提升党员群众的理论素养;通过开发惠农系列产品、无抵押担保类为主的贷款产品等丰富金融产品门类;通过对银行员工、领导的严要求严约束,发扬心系群众的精神等方式筑牢客户关系。[4]

汪小松(2019)认为互联网技术可以降低金融的排斥性,在"互联网+"背景下商业银行普惠金融业务存在机遇和挑战,商业银行需要在互联网金融产业链上层层布局,从最底端的互联网金融基础设施到终端的普惠金融消费者权益保护和投资者教育,同时还需要构建完善的风险控制体系。陈雪(2019)认为信托公司可参与普惠金融,银行系信托公司可以通过与控股银行合作,获得控股银行的数据源、客户源等必要信息;通过利用IT系统与外部信息平台相联系搭建普惠金融风控体系;通过储备高素质员工群体、向开展普惠金融的先进同行学习等方式加强普惠金融人才建设。

(六)普惠金融可持续发展

高建平、曹占涛(2014)认为我国普惠金融可持续发展需要政府、商业银行

---

[1] 苏广华."小"微业务"大"有作为:交通银行广东省分行构建普惠金融服务新生态[N].信息时报,2019-05-29.

[2] 黄涛.上海银行:数字化供应链金融助力普惠金融发展[J].当代金融家,2019,166(5):58—60.

[3] 马腾跃.讲好普惠金融"光大故事"——访光大集团党委委员、光大银行行长葛海蛟[J].中国金融家,2019(6):26—31.

[4] 朝阳.践行初心,始于足下:江西瑞金光大村镇银行打造普惠金融名片[N].金融时报,2019-08-23(002).

以及互联网金融的协调配合。张忠宇(2016)认为我国农村地区存在的金融市场不完善、产权制度不明确、政策补贴激励效果有限、信用约束机制不完备等问题。张江涛(2017)从互联网角度出发,对普惠金融商业可持续性进行研究,认为互联网金融可以降低普惠金融成本、增加普惠金融服务业务的多样性。金融机构应积极利用网络科技,加大力度进行互联网普惠金融创新、加强对互联网金融的监管力度,使互联网金融支持普惠金融可持续发展。

姚世新(2015)研究浙江农信普惠金融可持续发展问题,认为浙江农信普惠金融建设已初步取得成效,未来浙江农信普惠金融建设会面临更大的风险与挑战,但是在浙江农信自身努力以及政府的帮助之下,有能力应对风险与挑战。周俊才(2015)以武威市为例,研究欠发达地区普惠金融可持续发展问题,认为武威市普惠金融可持续发展存在风险较大,金融服务体系不够健全,适合当地的政策缺失,财力及创新不足等问题,认为欠发达地区发展普惠金融的可持续性需要政策支持以及健全的体系作为基础。孙璐璐(2018)对兰考县普惠金融的研究,认为兰考县普惠金融存在发展不平衡、金融终端覆盖不充分、信用体系不完善、业务形态不丰富等方面的缺陷,并从征信体制建设、教育培训、政府引导等角度提出建议措施。

(七)文献评述

纵观国内外有关普惠金融的相关文献,学者们都指出了在推进普惠金融发展过程中会出现市场失灵和政府越界的现象,学者们基本上都认同建设普惠金融体系需要政府与市场同时发挥作用,但一个重要问题产生了,即二者行为的边界在何处。对于这一问题,目前少数学者建议厘清二者的边界,但并未明晰具体边界。所以本书参考了国外普惠金融发展得成功的国家的经验,充分考虑了我国的基本国情并分析了我国普惠金融的发展现状,从纵向、横向以及动态三个角度探究我国普惠金融发展中政府与市场的边界,分析不同财政工具支持普惠金融的效力。已有文献大多肯定了政府财政支持对于普惠金融发展有正面的积极作用,但是政府在对普惠金融进行财政支持时,方式不可过于粗放,要因地制宜,因行业制宜。数字金融具有"成本低、速度快、覆盖广"的优点,并且在大数据获取方面有得天独厚的优势,已有研究认为可以将数字金融与普惠金融相结合,让数字金融助力普惠金融发展,数字金融与普惠金融相融合,可以起到提高金融服务质量满意度、缩小城乡差距等方面的作用。政府可以通过相应的政策法规支持,加强对普惠金融参与者的教育,以及基础设施建设等方法引导数字金融走向普惠发展道路。我国各银行等金融机构都在致力于打造"线上+线下"普惠金融服务平台、建立普惠金融事业部、开发特色金融产品门类。学者研究认为商业银行要发展普惠金融业务需要完善互联网基础设施建设、建立健全完善的风险防控体系。信托公司也可参与普惠金融发展,其中银行系信托公司可借助控股银行在信息等方面的优势支持普惠金融发展。

三、研究思路与研究方法

（一）研究思路

本书的研究主要包括七个部分:第一部分介绍与普惠金融发展的相关理论,论述普惠金融的概念和起源,讨论金融发展的结构理论、深化理论以及约束理论,探讨政府与市场之间的关系。第二部分归纳国外普惠金融发展模式和国内探索实践的成功经验,总结普惠金融发展的一般经验和启示。第三部分对财政支持普惠金融的效应进行分析,首先整理分析我国财政支持普惠金融的相关具体政策,然后探讨我国财政支持普惠金融发展成效,最后分析各种财政支持工具的效力,把握财政支持普惠金融发展的边界。第四部分对新世代下普惠金融可持续发展路径进行探讨,分别从新时代普惠金融特点、宏观层面和微观层面下新时代普惠金融可持续发展要求、新时代普惠金融发展的着力点和风险防控,分析新时代普惠金融可持续发展路径,并思考新时代普惠金融可持续发展中政府定位。第五部分对调研情况进行汇报,分别分析宜昌、广州两地异同。第六部分通过实证手段,检验我国财政支持政策是否真正促进普惠金融发挥作用,利于当地创新发展。第七部分讨论我国财政支持普惠金融发展方式。具体而言,本书主要讨论以下几方面内容:

首先,通过对财政支持普惠金融发展的相关理论和有益探索进行系统性的整理,确定本书的研究基础和了解相应的成功经验,进而能够确定本书研究思路,明白研究侧重点。

其次,梳理普惠金融现状,包括普惠金融发展成效、新时代背景下普惠金融发展着力点和问题、两个调研案例在财政支持下普惠金融发展的异同。从实际出发,探索财政支持普惠金融情况,并结合时代背景和案例分析,能够更加有效地厘清当前财政支持普惠金融发展的总结经验与教训,为制定更加精准的政策提供支撑。

再次,考虑到政府财政支持普惠金融实际数据的可得性问题,本书从普惠金融与创新出发,嵌入财政支持政策的冲击。虽然笔者无法获取财政支持的数据,但是可以通过2016年的财政支持政策为切入,分析财政支持政策对普惠金融发展的推动。从实证的角度,验证了财政支持的有效性,为政府政策制定提供实证依据。

最后，在理论基础、现状分析、实证支持的基础上，笔者从政府定位和财政支持方式两个方面对政府下一阶段优化财政支持普惠金融发展提出政策建议，课题研究对新时代实现共享协调发展、共同富裕具有重要的现实意义。

具体逻辑框架如图0-1所示：

财政支持普惠金融理论基础
- 普惠金融发展脉络
- 普惠金融相关理论
- 财政支持普惠金融相关理论

财政支持普惠金融发展的实践
- 国内外普惠金融的发展模式
- 国外财政支持普惠金融的方式及启示

我国财政支持普惠金融效应分析
- 财政支持相关政策分析
- 财政支持成效分析
- 财政支持工具效力分析
- 政府边界的厘定

新时代普惠金融可持续发展路径
- 新时代普惠金融特点
- 新时代普惠金融发展要求
- 新时代普惠金融发展着力点
- 新时代普惠金融风险防控
- 普惠金融可持续发展路径

财政支持普惠金融发展调研情况
- 宜昌财政支持普惠金融发展
- 广州财政支持普惠金融发展
- 宜昌、广州财政支持异同分析

财政支持普惠金融发展实证检验
- 研究假设
- 研究设计
- 实证分析

优化财政支持普惠金融发展方式
- 政府定位思考
- 优化财政支持方式探讨

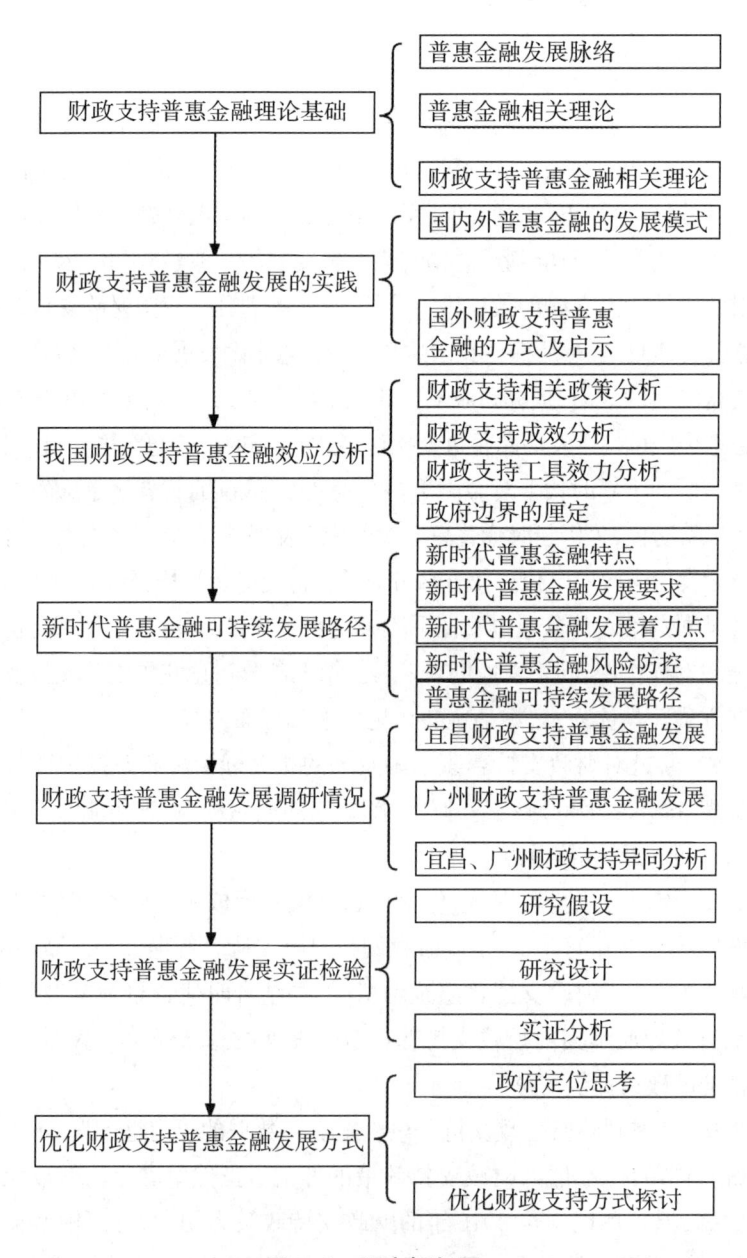

图0-1　研究框架图

（二）研究方法

（1）文献研究法。写作过程中广泛阅读国内外关于普惠金融、政府和市场边界、财政支持等方面的经验，掌握相关理论基础。

（2）比较分析法。比较分析国外普惠金融成功的发展模式，总结普惠金融发展经验。根据我国普惠金融的实践探索，分析新时代我国普惠金融发展模式以及财政支持普惠金融发展方式。

（3）田园调研和典型案例分析法。实地走访湖北、广东等地，深入了解各地普惠金融发展的现状，厘清当地政府出台了哪些普惠金融相关政策，结合当地实际情况分析这些政策的效力如何，找出还有哪些需要改善的地方并提出针对性的意见，最后从部分到整体，分析我国普惠金融发展不完善的原因并给出建议。

（4）实证研究方法。运用北大数字普惠指数、区域创新、区域经济等数据，分析普惠金融发展对区域创新的影响，并结合《普惠金融发展专项资金管理办法》的政策，分析财政支持下普惠金融影响作用变化，最后得出相关结论。本书所有的实证检验和计算均使用STATA16软件完成。

四、创新之处

本书相比于现有研究，主要做了以下几个方面的深入探索。

（1）从财政支持视角，分析政府支持普惠金融发展的效能。尤其是在2016年财政部发布《普惠金融发展专项资金管理办法》，配套同年国务院印发的《推进普惠金融发展规划（2016—2020年）》，可见财政支持是政府推动普惠金融发展的重要手段。但是相关研究却鲜有讨论政府财政支持与普惠金融发展之间的联系。现有研究以讨论普惠金融带来的经济影响为主，包括对经济增长（张勋等，2019）、创业（谢绚丽等，2018）、居民消费（易行健、周利，2018）、技术创新（唐松，2020）等，且关于普惠金融发展影响因素的关注也主要集中于地区层面、个人层面（葛和平、朱卉雯，2018），也有研究从现有金融发展水平出发，探讨其对普惠金融发展的推动作用（丁杰，2015），但是关于政府行为的分析还较少。笔者从财政支持视角出发，分析其对普惠金融的推动作用，可以丰富普惠金融研究内容，拓宽影响普惠金融的研究思路。

（2）首次系统地梳理自我国普惠金融发展战略推出以来，出台的相关财政支持手段和政策。为了明晰财政支持普惠金融发展，必须要厘清其中的政策和方法，本书对财政支持政策和手段进行了整理和分析，分析政策脉络,探讨财政支持效能,更有助于政府对自身政策效果的了解。

(3)以新时代发展特征为切入点,立足我国新发展理念的要求,分析新时代背景下普惠金融特点、着力点、问题以及发展路径,能够更加深入地了解普惠金融的新变化,也使得研究结论更符合当前政策需要。

第一章　财政支持普惠金融发展的理论基础

第一节　普惠金融的概念和发展

一、普惠金融的概念

联合国在2005年首次提出普惠金融的概念,将其定义为"一个能够有效地、全面为社会各个阶层和群体(特别是低收入的贫困人口)提供服务的金融体系"。

我国对普惠金融的概念进行正式定义是在2015年国务院印发的《推进普惠金融发展规划(2016—2020年)》(以下简称《规划》)中:普惠金融是指立足机会平等要求和商业可持续原则,以可负担的成本为有金融服务需求的各阶层和群体提供适当、有效的金融服务。重点服务对象为小微企业、农民、城镇低收入人群、贫困人群、残疾人和老年人等特殊群体。

从《规划》中得出,普惠金融包含着以下内涵:首先,它是一种理念,致力于实现社会各类群体获得平等金融服务的目标。其次,它是一项创新。要想每个人都享受到金融服务,就需从产品、制度、机构等多维度进行创新。最后,普惠金融也可以称为一种责任,即要求服务覆盖到传统金融机构无法达到的客户,例如低收入人群、小微企业等。

同时可以从以下角度对普惠金融做进一步的诠释。

(1)普惠金融在一定意义上可以理解为是经济发展到一定阶段出现的高级化金融。金融的基本含义即为资金融通,而在经济发展处于较低水平时,人们的普遍低收入决定了其对资金融通的需求较小,这就意味着金融最初的服务对象是富人。人们的收入随着经济不断发展而增长,希望得到资金融通服务的人数也越来越多。金融得到了发展,然而低收入的群体却依然无法享受到基本的金融服务。当经济发展到一定阶段时,低收入的群体数量会大幅减少,此时的金融就可以做到服务于大众。而普惠金融正是这样一种可以服务于大众、为所有具有金融需求的人提供金融产品和服务的大众金融。因此可以认为普惠金融是在经济发展到较高阶段出现的一种高级化金融。

（2）普惠金融具有包容性的特征，具体体现在为金融弱势群体提供全面的金融服务。通过普惠金融强调的服务对象发现其扩大了服务对象的边界。在服务内容上，从单一的银行信贷服务逐步发展为包含银行信贷、保险理财、证券买卖等多种业务的新格局。

（3）普惠金融通过帮助消除金融排斥以达到提升全社会金融幸福感的目的。金融排斥是指金融偏爱富人的特性使得一部分人不能进入金融体系内，享受不到必要的金融服务。而普惠金融是消除金融排斥的一种重要手段，它将受到金融排斥的群体重新纳入金融体系，为其提供金融服务，由此提升全社会的金融幸福感。

（4）普惠金融可以对金融弱势群体进行风险补偿。金融跨时间的资产配置属性决定其具有不确定性——风险，金融系统有风险转移、分散和补偿功能。由于金融弱势群体的资产规模较小，对未来收支不确定性的抵抗能力较弱，因此对于金融机构来说，这部分群体的风险较大，但是这不应该是将他们排斥在金融体系之外的理由。普惠金融应利用金融系统的特性为弱势群体提供风险补偿（蔡则祥、杨雯，2019）。

尽管普惠金融提倡对金融弱势群体进行重点扶持，但是需要明确的是，普惠金融和金融精准扶贫是不同的，尽管在扶持对象、发展目标、参与部门方面都存在着较高的耦合性，然而，政府是金融精准扶贫中不计成本的参与主体，而政府在普惠金融中则是引导者，参与主体为金融机构，因此其需要考虑成本问题。同时，普惠金融与公益扶贫之间也并不相同，二者存在着三个方面的显著差别：

第一，普惠金融的目的是服务于他人，但公益扶贫并非全部如此。普惠金融归根结底是以金融消费者为核心开展的金融活动。在这种商业模式下，金融消费者才会被真正重视，得到最恰到的服务。然而公益扶贫的展开是以道德标准为中心的，供给和需求很可能脱节，在一定程度上导致公益扶贫的效率低下、盲目。同时，普惠金融机构可以通过提供公开信息，给金融消费者提供均等的机会，避免寻租行为。

第二，金融机构可以为自身的进一步扩张提供资源，但扶贫机构无法做到这一点。因为扶贫机构为公益组织，无可持续的资金来源，且其主要依靠的是精神上的凝聚力，无法要求员工全身心投入其中，也无法对其工作成绩进行评价和奖惩。而金融机构有自身盈利能力，可以支撑其提供的有偿或无偿服务，也可以对开展的普惠金融活动进行考察与评估。

第三，普惠金融可以使得低收入群体的最迫切需求得到满足，但公益扶贫难以确保如此。对于低收入群体而言，重要问题是如何高效地利用为数不多的资金，而公益扶贫提供的是免费的资源，难以确保这些资源就是受益者所需要的，也难以确保资源可以被有效率的使用。而普惠金融机构为弱势群体提供例如小额信贷等金融服务，可以引导有限的资源得到有效利用，满足了其最迫切的需求。

二、普惠金融的发展历程

正如前文所说，2005年联合国首次提出普惠金融，但实际上具有普惠意义的金融服务最早出现在15世纪的意大利，存在形式为小额信贷。小额信贷有效降低了金融弱势群体获取金融服务的成本。到了18世纪，一种以邮储形式开展的为金融弱势群体提供结算、储蓄服务的金融机构在欧洲发展起来。20世纪下半叶，发展中国家出现了现代小额信贷，如孟加拉国的小额信贷扶贫实验，引得各国效仿。这些都是普惠金融的雏形，然而小额信贷并不能满足群众的金融服务需求。微型金融的出现为群众提供了相对于小额信贷而言，更加多元化的金融服务，这便是普惠金融的前身。联合国2005年提出了普惠金融的理念，即希望致力于构筑完整的体系，加入正规化的金融服务，使得普惠性金融服务不再边缘化。由此，在世界各地拉开了普惠金融发展的序幕。

从发展理念、服务形态、服务种类和制度变迁等方面的差异性考虑，我国的普惠金融发展可以概括为以下四个阶段：

(1)小额信贷阶段。20世纪90年代我国推行小额信贷服务，最初其具有一定的公益性，以扶贫作为工作重点。例如1993年由杜晓山建立扶贫经济合作社，其宗旨是为帮助贫困农户改善现状，同时它也是中国探索实践小额信贷的开端。资金来源在该阶段皆由个人、国际机构的捐助和软贷款支持，这也是我国小额信贷特殊的地方，即它带有公益性。

(2)微型金融阶段。微型金融相对于小额信贷而言进行了内容的扩充，其为小额信贷多样化的转变结果，其服务对象为个人、正规及非正规的金融机构等。90年代末，我国下岗职工再就业问题频发，人们发现随着资金需求持续增多，单一的信贷服务并不能满足低收入人群的金融需求，所以小额信贷开始向微观金融转变。在这个阶段，正规金融机构开始介入，除简单的信贷服务以外，低收入人群也能获得更加全面、系统的金融服务，包括了储蓄、保险、信贷等。小额信贷此时的目的发生变化，不单单以扶贫为目的，而是要提高收入，促进就业需求。

(3) 普惠金融阶段。2006年焦瑾璞在亚洲小额信贷论坛上正式使用了普惠金融概念,标志着我国政府开始致力于通过发展普惠金融促进经济的发展,2013年在《中共中央关于全面深化改革若干重大问题的决定》中,我国将发展普惠金融作为全面深化改革重要内容;2015年12月,《推进普惠金融发展规划(2016—2020年)》的出台,标志普惠金融已上升至国家战略高度。如今,发展普惠金融已经成为我国重要政策之一。

建立普惠金融是为了缓解金融排斥现象。正规金融机构的逐利性导致了它们所服务的对象局限于高质量、高价值、高回报的客户,对于小微企业、农民等群体严重忽视,或者设置较高门槛,导致了大量穷人被金融机构排斥在了服务对象之外。

导致缺乏金融服务的群体通过非正规途径寻求金融服务,意味着高成本会进一步恶化不乐观的资金状况,陷入贫穷－排斥的恶性循环中。这样的结果只会导致两极分化、贫困现象严重。为解决这种问题,普惠金融应运而生。一方面,它传承了小额信贷以及微型金融扶贫的目的;另一方面,它与小额信贷和微观金融的非正式化不同,它通过整合零散的金融机构,建立系统性的金融体系。

(4) 数字普惠金融阶段。就性质而言,数字普惠金融只是普惠金融的一种方式上的拓展,随着互联网金融的不断发展,为了提高普惠金融的覆盖性、高效性以及安全性,人们发现依托互联网来发展普惠金融更加迅捷,由此数字普惠金融开始受到重视。在杭州举行的G20峰会中,普惠金融就被作为一项重要命题,同时通过了《G20数字普惠金融高级原则》等一系列具有重大指导意见的文件。不同于常态下的普惠金融,数字普惠金融具有新型的融资方式、新型的服务渠道、新型的风险管理方法以及创新的金融产品。通过数字普惠金融方式,服务效率及覆盖率可以得到大幅度提升,交易门槛以及服务成本也会随之降低。截至2019年上半年,银行业金融机构移动支付434.25亿笔,总额高达166.08万亿元,成年人使用电子支付比例达82.39%。

第二节 普惠金融相关理论

金融排斥导致了普惠金融的出现,因此我国把普惠金融的重点服务对象认定为被金融机构排斥的、非自愿的弱势群体(星焱,2015)。普惠金融作为扭转金融排斥现象、促进金融包容性发展的工具,其承载着为所有人群提供全面有效的金融服务的重任。因此,可以将普惠金融看作是以金融发展理论作为支持的金融前沿问题。金融发展理论是在20世纪中叶出现的,其中包括金融结构理论、金融深化理论、金融约束理论等,与普惠金融联系密切。

一、金融结构理论

戈德史密斯(Goldsmith)在1969年提出了金融结构理论,奠定了金融发展理论的基础。认为金融发展的本质是金融结构的变化,只有将短期或者长期的金融结构变化视为基础信息,才能探究金融结构的变化趋势和程度,而金融结构可以通过金融产品、金融工具、金融机构的规模来体现。整理了近百年来全球范围内的35个国家的相关资料和数据,分析时间纵向维度和国际横向维度后,构建了衡量国家金融结构及金融发展水平的指标体系。金融相关比率(FIR)在这套指标体系中尤为重要,其含义为"某一时期一国全部金融工具的市场总值与该国有形国民财富总值之比"。戈德史密斯认为,一个国家的FIR与其经济发展水平具有正相关关系。

尽管很多学者认为仅仅以FIR来衡量一个国家的金融结构并不全面。但不可否认,在金融研究领域戈德史密斯的结论产生了深远影响,为以后学者探究金融发展奠定了坚实的理论基础。他不仅首次提出金融结构的定义,即它代表着一个国家的金融工具与金融机构的性质、相对规模及形式,他构建了八个可以衡量各个国家金融发展的差异的定量指标。且FIR揭示了金融上层结构和经济基础在规模上的关系,即随着金融体系的完善,FIR在逐步地提高,说明FIR与金融发展水平之间存在着正相关的关系,据此,FIR有理由成为衡量金融发展的重要指标之一。

从金融结构理论得知,若想深入了解各国之间金融发展水平的差异,就必须从一国的金融结构入手。这一理论同样也可以指导我国乃至全球普惠金融的发展,即政府在探悉普惠金融的发展方向时,若想清晰地分析普惠金融结构及其发展变化,必须先建立普惠金融指标体系。

目前全球已有多个机构组织构建了普惠金融相关的指标体系,例如普惠金融全球合作伙伴(GPFI)在2012年从金融服务使用情况、质量以及可获得性三个维度建立了指标体系,其不仅倡导各国政府主动作为,而且促进了普惠金融数据库的发展。国际货币基金组织(IMF)对金融服务可获得性进行调查,通过构建8个指标来评估各国的普惠金融发展(孙天琦等,2016)。

在我国,不同学者构筑的普惠金融指标体系也存在诸多不同,然而其体系建设大多考虑了以下几个方面,一是普惠金融指标体系的运作基石是其数据库的建设,只有以开源的方式鼓励各个行业参与其中,普惠金融数据库才能快速形成规模。二是指标体系要多维度考虑,要综合保险、金融、支付等不同行业。三是着重考虑指标数据的可获得性以及获取成本。指标体系必须全面反映普惠金融的各个方面,同时可以对各个地区之间进行比较(刘亦文等,2018)。

完成普惠金融指标体系的构建后,利用量化指标的监测、度量、评估等功能,政府能够清晰地分析普惠金融发展变化,从而以我国自身情形为依据制定具有中国特色的方案,有效支持普惠金融的发展。

金融结构理论同时提出,虽然世界各国的金融结构并不一致,然而金融发展路径却是相同的,因而各国的金融结构演化具有趋同性。在该理论下各国的普惠金融发展是由于当前各国金融结构的不同而有所差异,但金融发展存在趋同性,因此我国能够在构建普惠金融指标体系的基础上,归纳总结借鉴其他在普惠金融领域取得一定成果的国家的经验,同时结合我国的国情,建立适合我国普惠金融发展的相关路径(焦瑾璞,2014)。也可以对比全球或者世界其他国家,寻求我国目前普惠金融开展中需要提升的地方(郭田勇等,2015)。

二、金融深化理论

1973年,麦金农、肖(Mckinnon & Shaw)从新自由主义出发,提出了"金融抑制"和"金融深化"两种理论,诞生了研究发展中国家和地区的金融发展理论。其推崇市场自由化,对负利率以及低于均衡利率水平的利率持有反对态度。同时通过建立数学模型,其结论为金融自由化对经济增长有促进作用,而金融压抑对经济增长有一定程度的负面影响。麦金农、肖也提出采取改革金融体系、消除高储蓄率、利率限制、信贷管制等金融抑制的方式来促进发展中国家的经济增长。

在金融抑制理论中,发展中国家和地区并不具备完整的经济结构,人们面临的产品价格、接触的生产要素、所在的技术水平都截然不同,因此其获得的资产报酬率也不尽相同。从纵向看,在不受到政府干预的情况下,银行偏好大规模的企业,对中小企业、农村等存在着金融歧视现象;从横向看,在一些经济欠发达地区,市场不发展导致了生产要素价格不合理情况的存在。不发达和不完全的金融市场致使许多经济主体无法进入有组织的资本市场,只能依靠自己的财富积累,而资金的积累需要一个过程,通过实物或货币积累两种方式完成资金积累,相较而言,货币积累的成本较低。在内部财富积累具有一定规模之后,其才能进行投资活动。在经济学看来,投资和技术变革密不可分,但是由于发展中国家不完整的经济结构,不同地区和不同企业所得到的资本报酬率不尽相同。如果想达到消除差异的目的,就必须以中小企业等需要金融扶持的经济主体为重点，只有重视其改造和提高，金融抑制和金融垄断的局面才可能瓦解。

《经济市场化的次序》的作者麦金农在此书中提到，发展中国家如果想实现经济市场化，就必须依据合理的次序发展。首先需要平衡中央政府财政，其核心为避免通货膨胀，只有这样，利率才会避免为负，才会对储蓄和投资有利。其次，要开放国内的资本市场，但要对银行贷款进行控制，即要保证金融环境的正常和稳定，由此形成有利于投资的环境。再次，为了使得国内资本流动以及外汇收支均衡，必须推动外汇管理自由化。

我国是世界上最大的发展中国家，金融市场不发达的问题依然存在，而普惠金融的推进可以使得更多微观经济主体的资金需求得到满足，意味着普惠金融作为稳定国内金融环境的重要政策对我国贸易自由化具有深远的影响。

金融深化理念认为金融资产的累积速度远远高于非金融资产的积累速度。因此，想发展经济的发展中国家或地区必须从金融领域开始，提倡市场自由化，以消除金融抑制。金融深化的动态发展可以概括为金融规模的逐步扩大，金融工具和机构的逐步优化，金融秩序以及市场机制逐步健全这三个层次。三个层次之间互相影响和促进。

麦金农、肖认为发展中国家需要强化自身的金融深化意识，同时强调了金融政策和体制对于经济改革和发展的重要性。金融深化理论的盛行为许多发展中国家和地区提供了新的金融改革思路。

但是，市场经济下的金融制度并不是适用于所有金融问题，金融自由化也是如此。金融自由化在许多发展中国家大力倡导实施，结果是国家从低级不均衡变为高级不均衡，效果适得其反。

前车之鉴，后事之师，我们在看待金融发展理论时，不应忘记其假设条件，即假设市场中的主体是理性的，但该假设在信息不对称的发展中国家并不成立。而例如完全竞争市场假设、经济主体达到帕累托最优的假设等更是没有实现。因此需要辩证分析金融发展理论对发展中国家产生的影响。

我国当前发展普惠金融的方式，更多的是利用政府这只"看得见的手"来进行引导发展。因此在实现普惠金融过程中，不免有很多政策会抑制金融发展，这就需要政府在制定相关政策前权衡利弊。同时，金融深化理论也预示随着普惠金融发展的完善，我国会逐渐减少干预的力度，最后实现市场自由化均衡，进而达到普惠金融最优状态。

三、金融约束理论

虽然金融深化理论的提出一度被人们所采纳，但是发展中国家采取市场自由化政策后实际上并没有达到理想结果,在对过往理论进行反思后,学者们发现市场上存在信息不完善、外部性、垄断等现象,因此不能忽视政府在金融市场中的作用。

赫尔曼、默多克、斯蒂格利茨(Hellman, Murdock & Stiglitz)在1997年提出了金融约束理论。其认为政府可以通过提出利率调控、市场准入等一系列金融政策,调动生产企业、金融企业等积极性,微观金融主体的租金机会得到增加,这里的租金意味着超出竞争性市场的收益。金融约束理论有很大的积极作用。首先,银行拥有了"特许权价值",其就有着更强的动力扩大存款基数、监管贷款企业,因此银行的服务范围增大、贷款风险降低、经营更加稳健。其次,政府通过将租金指定银行用于专项业务,促使银行发展一些市场条件不利的业务,如长期贷款等。再次,政府可以通过制定实施定向的信贷政策加强企业间竞争,激励企业追求利润最大化,从而实现企业的飞速发展(周业安,2000)。

金融约束不同于金融抑制。在金融约束状态下,政府要求存款利率低于市场利率水平,由此产生的租金由金融机构获得。同时政府对贷款利率要求同样,一部分租金从金融机构转至生产机构。对金融机构而言,获取租金后,可以增加服务以及产品的产出动力;对生产机构而言,较低水平的贷款利率有助于生产投资活动的进行。而政府不占用这一过程中租金,租金由生产机构和金融机构共享,此时的通胀率一般处于低位,实际利率为正。在金融抑制条件下的情况截然不同,政府限制名义利率,要求其低于通货膨胀率,因此并没有产生租金。由此可知,金融抑制时期,通货膨胀率一般处于高位,实际利率为负(曾康霖,2004)。

尽管并不能否认政府金融约束的政策在执行过程中可能无法达到预期的效果,甚至有可能出现金融约束转变为金融抑制的可能性。但是,若是加以稳定的宏观环境、低位的通胀率等前提条件,采取金融约束可以发挥促进金融深化的作用。但是,金融约束过程是动态变化的,金融发展达到一定水平后,政府控制所带来的益处无法弥补控制导致的成本时,要放弃金融管制来实现金融市场自由。因此,金融约束可以认为是发展中国家或地区由金融抑制转变为金融自由化的一种过渡理论,而不应被视为最终目标。其倡导政府发挥自己在市场失灵状态下的作用,缓解发展中国家在发展过程中的信息不对称以及监管不到位的态势,因此,金融约束理论并不违背金融深化理论,相反,它丰富了金融深化理论,使其更好地发展。

金融深化与金融约束理论为普惠金融当中的政府边界提供了理论支撑,政府作为"看得见的手"影响普惠金融发展时要考虑政策所带来的益处,同时也需要考虑政策带来的成本。发展普惠金融作为中国繁荣经济的战略不超过十年多时间,政府通过财政支持、利率优惠等政策来支持普惠金融发展所带来的益处远大于其中的成本。同时,实际上如果没有政府参与,普惠金融的发展会受到小微企业融资难、"三农"问题等金融排斥现象的阻碍。即此时中国普惠金融发展得到了金融深化理论的支持。但是随着普惠金融发展日渐成熟,政府的参与程度也将逐渐下降,最终依靠市场实现均衡目标。

第三节　财政支持普惠金融相关理论

我国深化体制改革的核心问题一直是如何处理好政府与市场关系,政府作用与财政支持若想在普惠金融发展过程中起到正向的促进作用,就必须要认真处理政府和市场的关系。党的十八届三中全会通过的《中共中央关于全面深化改革若干重大问题决定》明确指出"使市场在资源配置中起决定性作用和更好发挥政府的作用"。政府在参与普惠金融过程中,要以该意见为指导,同时立足于市场失灵理论和政府失灵理论这两种阐释政府与市场之间关系的理论,更好地明确和实施普惠金融中的政府作用与财政支持。

一、市场失灵理论

市场失灵的思想早在学者们对公共物品、外部性进行研究时就已经诞生。1958年弗兰西斯·巴托(Francis Bator)将其作为一个专有名词提出:现实世界中存在一系列的不确定性,例如不完全信息、反对变革、总需求异常、税收成本等情况。这些会对市场机制产生一定的影响,导致市场无法达到均衡状态。纵观200多年来市场失灵思想发展史,可以将市场失灵理论分为传统市场失灵理论和新自由主义市场失灵理论。

20世纪上半叶的大萧条使得市场自由化的劣势逐步显现,"看不见的手"理论遭到质疑,因此凯恩斯提出,若想改变这种局面,政府就必须进行干预。与此相应,市场失灵理论从微观经济的角度剖析了市场机制的缺陷,比如外部性、信息不对称等导致了市场在资源配置过程中难以实现帕累托最优,新古典综合派的学者曾经明确提出,政府应该使用"看得见的手"进行干预,采取调节收入分配、运用金融政策等多种方式调节经济周期,促进经济增长。当时,通过政府干预改变市场失灵的思想深入人心,一度成为当时西方各国所主张的主流经济理论。

但是随着半个世纪后西方各国出现"滞胀",即增长率低、通货膨胀率高,传统的市场失灵理论受到质疑,学者们也开始反思政府干预的方式究竟能否矫正市场。由此,新自由主义经济学派诞生,该学派论证了市场失灵的原因是市场机制的问题,市场未能得到充分的发挥。在倡导新自由主义的市场失灵理论的学者们看来,资本主义国家应该通过更加市场化的方式转变市场失灵,而不应该由政府进行干预。这与传统市场失灵理论的区别可以在大体上分为三个部分。

(1)新自由主义的学者们一致认为,引入公共物品会促进市场效率的提升。在传统理念中,由于公共物品的非竞争性和非排他性,导致其必须由政府提供公共物品,否则会影响其有效利用和社会整体的福利水平。然而,新自由主义学派提出了"特许经营"的方式,认为只要产权有着清晰的界定,随着生产力技术的进步发展,公共物品也可以私有化,其主张削弱政府部门在公共物品供给上的地位和权力。

(2)新自由主义经济学派认为,市场交易的"内部化"可以解决"外部性"问题。在传统理念中,经济主体的经济行为会对他人和社会产生非市场化的影响,这被称作"外部性",其使得市场无法通过自我调节来合理高效的配置资源。因此政府需要采取行动以尽量消除外部性所带来的影响。新自由主义提出了著名的"科斯定理"来解决外部性导致的问题。由于政府对产权不清晰的界定导致存在外部性,从而使得市场自身无法发挥高效的调节能力。因此,认为政府干预并不是解决外部性的唯一手段,通过清晰的产权界定,这种问题就可以"内部化"解决,由此可见,新自由主义学者认为政府干预并不是解决外部性问题的唯一方法,只要创造良好的市场条件,市场完全可以自发的矫正市场失灵。

(3)新自由主义理念提出了垄断不会阻碍市场竞争的观点。传统市场失灵理论对于垄断的态度是否定的,其认为垄断企业会滥用权力,市场机制无法达到最优,市场失灵会因此出现。而新自由主义的观点与此相反,即认为垄断恰恰是高效率的一种体现,垄断对促进经济效率的提升起着重要作用,也可以通过引入合适的市场机制解决自然垄断的问题。只要行业中不存在市场准入壁垒,就应该认定这一市场为可竞争的,而在可竞争市场中,即便仅仅只有一家公司,他的行为也会和完全竞争企业保持一致。

在传统的市场失灵理论中,虽然政府的作用被认为仅仅是弥补市场缺陷、改变市场失灵,然而其地位以及发挥的作用是被肯定的。在新自由主义经济学成为市场失灵领域的主流后,政府的作用被削弱,甚至逐步从市场经济中退出,市场失灵理论逐渐转变为市场万能理论。表面上市场失灵理论得到了发展,实际上导致了人们对市场机制的正确理解的倒退。

新自由主义的市场失灵理论看似贯彻了自由平等的思想,然而这思想只是抽象的、表面的,其本质却是资产阶级对人民群众剩余价值的剥削,只有政府从全局利益出发,综合调节市场经济,从而实现可持续发展的经济目标,才能改变这种局面。虽然市场存在一定的自发调节能力,例如微观均衡功能、利益驱动功能等,但是其自身的缺陷会导致会调节速度缓慢、调节程度有限、调节目标偏离等问题。只有政府在事前和事中,对其进行经济、法律等方面的调节,才会减少问题出现的概率。同时,新自由主义理论下的市场是万能的,然而实际上,在社会分配公平、供需总量的平衡、自然资源和环境的保护等一些宏观的资源配置方面,市场的自身调节效果远没有政府的干预效果好。

我国普惠金融领域受到了新自由主义的市场失灵理论的警示,由于金融排斥现象在金融行业常出现,使得强势群体集中过多优质金融资源,经常无法有效满足弱势群体的金融需求。例如,中小型企业存在的融资难问题,即麦克米伦缺口,就是金融市场失灵的一种表现,治理麦克米伦问题的根本方法是建立面向中小企业的政策性金融机构,采取政府干预的方式(纪琼骁,2003)。

消除金融排斥是普惠金融的追求目标,将之前被排除在金融体系外的群体纳入体系中,为其提供合适的金融服务。当前,我国仍然处于发展阶段,政府在经济发展中的地位举足轻重,若是在普惠金融的推进中采用新自由主义的市场失灵理论,削弱甚至完全否定政府对经济干预的功能,不仅无法实现均衡经济、发展可持续,反而会适得其反,产生贫富差距增大、经济发展倒退等后果。因此,在普惠金融的实施中,坚定以人民群众的根本利益为原则的立场,清醒认识政府与市场的关系,坚持政府与市场协调互补的理念,才能发挥我国的大国优势,加速普惠金融的推进,实现经济的赶超式发展(杨静,2015;李俊生等,2018)。

二、政府失灵理论

在第二次世界大战后,西方国家发现政府对经济活动干预的影响并非如凯恩斯主义所描述的积极。很多实施凯恩斯主义的国家出现了政府赤字和持续的通货膨胀,由于凯恩斯主义无法解决出现的问题,有学者开始质疑政府干预是否能够纠正市场扭曲。在这样的思想推动下,核心思想为"政府失灵理论"的公共选择学派开始形成。由于不能证明政府的政治行为是无私的,政治行为与经济行为的"善恶二元论"难以成立,公共选择学派认为以经济人假设衡量政府的政治行为。因此在实施政策时政府难以以社会福利最大化原则为依据,即出现了政府失灵。这时政府所指定的制度不仅无法改变市场扭曲的情形,反而会适得其反。

虽然中国并非公共学派所指的西方政体,在普惠金融的参与过程中政府遵循的原则也并非经济人假设中的自身利益最大化。但在市场经济中,不可否认政府参与其中并对经济进行干预,是为了矫正或弥补市场失灵现象,然而在实际的政策实施中,有时会出现事与愿违的情况,导致社会福利的流逝以及未达到干预经济的目标,即政府在试图通过干预市场的方式解决市场失灵的问题时,存在因此产生另一种非市场缺陷——政府失灵的可能性。大致有以下几个原因可能导致政府失灵现象的发生:

(1)公共政策的制定实施存在着诸多制约。政策制定者在制定公共政策的过程中掌握有限信息,因此在信息不对称、不完全的情况下制定了一些政策,很大概率会导致政策失效和政府失灵。而在政策实施过程中,无论是对执行策略、执行者,还是对执行环境、监督者,其要求都非常高,一旦某一个环节或期间配合出现了问题,政策失效的情况都极易发生。同时,理论上而言,政府代表社会公共利益,然而实际上公共利益包含了政府官员的利益,因此在制定和实施政策时,政府官员可能出现借由公共利益名义谋求自身利益,从而出现导致政府失灵。

(2)政府活动具有低效率的特点。不同于企业,政府组织自身具有一定的特性,由于其竞争机制、降低成本的奖励机制以及有效的监督机制的不完善,因此政府职员的积极性并不高,政府活动的效率也就无法保证,这是政府失灵的主要原因之一。

(3)政府官员可能出现寻租腐败问题。寻租腐败问题对经济发展产生极大的负面影响,其可以导致人民收入减少、国家资金流失、生产成本增加、物价水平提升。对社会也有着极大的危害,如破坏了公平竞争的原则、政府在人们心中的形象受到损害等。由此可见,若想矫正政府失灵,就必须预防或解决寻租腐败问题(何荔,2002)。

在我国的普惠金融发展中,也应努力在发挥政府作用与财政支持时降低政府失灵出现的可能性。例如,可以健全法律法规,严格设定政府活动或干预的范围,政府合理引导市场,明确引导的边界,做到引导到位,不越位,不应干预金融机构以及服务对象的决策。政府引导不同类型的金融机构,根据自己的特点,在合法合规的范围内,提供多样的金融产品和服务。但是一些具体方案,例如为谁提供、提供多少、怎样提供等,不应受到政府的干预。适度的引导可以使得市场明确发展方向,使得普惠金融更迅速、多元发展,但若引导变为了干预,则会造成市场的扭曲,使得其服务对象无法更好地享受到政策带来的好处。只有明确并坚持"政府引导、市场主导"的发展原则,政府失灵的可能性才会降到最低,让普惠金融可持续发展。同时加强监督政府,健全事前事中监督、事后惩罚制度,在政府内部引入合理有效的激励机制,提高政府办公效率。总之,应以政府失灵理论为指南,发挥好政府在普惠金融发展过程中的支撑作用。

第二章　财政支持普惠金融发展的国内外实践

第一节　国内外普惠金融的发展模式

一、国外的成功模式

20世纪70、80年代,一些发展中国家已经出现了小额信贷的贷款模式。从小微信贷到微型金融,再发展为普惠金融,世界多地的普惠金融已发展得较为成熟。本部分将对普惠金融发展较好的数个发展中国家的成功模式进行分析。

（一）格莱珉银行模式

1. 发展历程

孟加拉国的格莱珉银行（Grameen Bank,GB,也称孟加拉乡村银行）是世界上最早从事普惠金融业务的金融机构,于1983年由"小额信贷之父"穆罕默德·尤努斯教授创立,定位于服务赤贫的穷人,向他们提供用于生产投资、创业和改善生活的小额信贷。

格莱珉银行建立了自总行到乡村中心的垂直组织结构,将金融网点扩散至农村地区。以扩散的农村地区网点为基础,向贫困农村家庭妇女发放小额贷款。此类贷款不需要抵押担保,贷款单笔金额很小,期限一般为1年,按周还贷,整贷零还;平均贷款利率在20%左右,低于高利贷利率,让贫困人群以可负担的成本获得农业生产和创业经营所必需的资金。同时格莱珉银行采取连带责任制度,借款人自发形成5~6人的借款小组,小组内成员相互担保、相互监督,形成内部约束机制。

1998年孟加拉国洪涝灾害导致格莱珉银行面临严重的偿付危机,为了应对突发性的系统性风险,其进行了组织架构改革和经营模式调整。"格莱珉二代"不再实行连带责任制度,也允许多样化的还款方式。如今,格莱珉银行在孟加拉国国内多家小额信贷机构中脱颖而出,服务了900万低收入家庭,还款率达到了99%,成功实现了市场化运作,成了金融界的一个奇迹。

在新时期,格莱珉银行将普惠金融的业务范围不断拓宽,推出教育和奖学金计划、贷款者保险、养老保险计划等多种新业务。

2. 政府作用与财政支持

尽管格莱珉银行采取市场化运作方式,但仍得到孟加拉国政府的支持。首先,1983年孟加拉国政府通过的《特别格莱珉银行法令》赋予了格莱珉银行合法地位,其由试点项目升级为商业银行;随着2013年《格莱珉银行法》出台,格莱珉银行的法律地位得到了进一步的明确。其次,格莱珉银行在试点时期和成立初期极度缺乏一级资本和自有资金,对国外慈善机构捐赠的依赖程度较高,无法大规模的发放贷款。为了解决这一问题,孟加拉国政府通过财政出资成为格莱珉银行的大股东,并在董事会中委派政府方代表引导其业务持续覆盖全国农村。除此之外,税务部门对格莱珉银行这类小额信贷机构开展的微利项目给予了大量财政补贴和税收优惠。最后,中央银行长期向其提供4%~5%的低息再贷款,"格莱珉二代"还被允许吸纳公众储蓄。

在受益于政策支持的同时,孟加拉乡村银行也不断调整自身业务模式,加强其风控能力,同时提高其盈利能力,逐步减轻对慈善机构和政府的依赖,实现盈亏自负。

3. 模式总结

格莱珉银行模式充分利用连带责任制和社会压力,核心在于提高金融的可获得性和包容性,在世界范围被证实为一种具有可持续性并能有效消除贫困的普惠金融模式,已被墨西哥、土耳其等40多个发展中国家模仿或复制。格莱珉银行模式表明,普惠金融能够以市场化的方式开展,能够实现消除贫困和财务可持续的平衡,实现商业利益和社会责任的双赢,其关键在于让广大囿于金融排斥的贫困人群以较低的成本获得金融资源和服务。

(二)印尼人民银行模式

1. 发展历程

印度尼西亚是个典型的农业大国,贫富差距问题严重。因其低收入人口比例常年高居不下,为了解决庞大的贫困群体金融资源匮乏的问题,印尼政府多年来不断提高印尼的金融体系包容性。作为国有银行的印度尼西亚人民银行,在20世纪60年代末就开始经营小额信贷金融业务。

和格莱珉银行类似,印尼人民银行设立了3000多个村级信贷部来提高金融网点密度,村级信贷部早期主要是发放政策性补贴贷款,在1983年印尼人民银行权力下放改革后具有了独立的经营权,转为经营商业化的涉农小额信贷,业务范围拓宽到涵盖储蓄、保险、汇款、支付、工资和养老金支付等一揽子业务,并且做到独立结算、自负盈亏和制定贷款政策。印尼人民银行的信贷产品主要面向农户、家庭作坊、小手工业者和小微企业,服务范围较广;产品简单易行,标准化程度和透明度较高。其贷款期限在3个月至3年,以市场化利率放贷,贷款利差在10%左右;借款人需要向银行交纳部分保证金,按时还款、信用良好的借款人可以获得银行的利息优惠和授信额度的提升。印尼人民银行比较注重防范信用风险,各村级信贷部的贷款业务审批较为严格,注重考查借款人的真实资信条件,还通过扣押保证金、贷款展期、定期考核等方式来处理不良贷款。

印尼人民银行以吸纳储蓄为发放贷款提供资金,以市场利息收入弥补营业费用,这种商业化的模式使得村级信贷部贡献了印尼人民银行的大部分利润,是印尼人民银行发展迅速、挺过1997年亚洲金融危机的重要原因。印尼人民银行通过体制改革和探索创新,经营业绩不断改善,逐渐脱离政府庇护,成为印尼规模最大的微型金融机构,最后于2003年上市。

2. 政府作用和财政支持

在促进印尼微型金融的快速发展中,政府发挥了举足轻重的作用:

(1)为了促进农业发展、减缓国内贫困,印尼政府自20世纪60年代起出台了系列支持政策鼓励金融机构向农民、小型企业提供资金,同时各级政府直接出资或投资成立了商业银行、合作社、信用社、基金会等多种形式的微型金融机构。

(2)印尼政府早期实施金融抑制政策,施行严格的金融管制,政府直接决定信贷资金的流向及价格,同时动用财政转移支付直接给予农户、小型企业提供大量的信贷补贴,补贴额度累计超过1万亿卢比;但该政策也存在一些弊端,操作过程中,这些补贴并没有真正惠及目标群体,反而导致违约贷款比例越来越高。

(3)印尼政府专门出台了小额信贷法,法律规定:允许小额信贷机构在村级范围拓展业务和市场化确定贷款利率、吸收公众存款,公募资金;并辅以存款保险计划来降低小额信贷体系的风险。并且,在印尼人民银行村级信贷部的发展初期,印尼政府直接提供了资金支持帮助其化解不良资产危机。

(4)加强和完善金融消费者保护。政府自2007年起逐步开展金融教育,此外,为了保护金融消费者,央行还专门设立了消费者保护委员会来处理金融投诉和纠纷调解,促进金融产品信息透明化以及强化金融素养教育。

3. 模式总结

印尼人民银行的村级信贷部模式为大型银行、政策行从事商业化的小额信贷业务带来了启示。这类业务不仅让农民、创业者和弱势群体等被传统金融体系所排斥的人群及时获得金融资源与服务，也能充分挖掘下沉市场的众多客户、增加银行利润来源。

同时，发展微型金融的过程中，印尼政府的政策调整也启示着我们，发展农村金融不能通过计划性的信贷资源分配、严格的金融管制和单纯的农业信贷补贴制度，事实证明此类政策的效果非常有限；与此相反，在市场化导向下鼓励小额信贷机构发展、有包容性地审慎监管、金融消费者保护等一系列措施反而使得整个市场的金融包容性得到显著提高，贫困群体金融资源匮乏的问题得到一定程度上的解决。

(三) 阳光银行模式

1. 发展历程

玻利维亚是拉丁美洲经济发展较落后的国家，工业基础薄弱，主要经济产业为出口矿石和农牧产品，大量城市人口就业于微型企业和个体商户，因此该国微型金融发展较为成功，玻利维亚阳光银行是该国最具典型的微型金融机构之一。

阳光银行的前身是一个依赖国外资助的非政府组织，最初在城市地区开展小额信贷和小规模的公益性金融活动。1992年其被政府批准成为阳光银行，是该国首家专注于微型金融的商业银行。阳光银行的分支机构和办事处遍布在玻利维亚的每一个城镇，大量员工直接前往街区、乡村和小微企业主办理业务。阳光银行的服务对象并非贫苦的穷人，而是城市地区"非正规经济部门"的中小微企业和小商户，他们能够获得较高的经营利润，具有一定的偿还能力。阳光银行根据该群体的特点和需求开发了完整的产品体系，包括营运资金、住房贷款、小额保险、经营贷款等，用于个人和家庭生产、补充营运资金或资本投资；其贷款利率普遍较高，年利率长期保持在50%左右，最高达70%，这也是拉美地区微型金融的一大特色。

在信用风险控制方面，阳光银行也实行小组联保制，但与格莱珉银行模式有所不同，是一种正规的担保人制度。在小组联保制的基础上，为了及时发现贷款违约风险、防范信用风险，阳光银行设计了周期较短的分期还款制，并采用递进贷款制来提供还款激励。此外，阳光银行还注重积极地向借款人提供储蓄、存款服务，提高他们对银行的归属感和降低他们恶意拖欠债务的风险。2001年前后玻利维亚爆发经济危机，大量小微企业和商户普遍经营困难，小组联保制成为了风险扩散通道。阳光银行在危机后及时调整，取消了小组制，互助贷款变为个人贷款，同时引入保证担保、资产抵押、资产保险和信用贷款等模式。为了在微型金融机构的竞争中脱颖而出,进入21世纪后阳光银行开始谋求战略转型和多元化发展。如今,阳光银行的资金量占国内金融系统的7%,超过25万贷款客户从阳光银行获得服务,而贷款拖欠率低于1%,成功实现了微型金融商业化。

2. 政府作用

阳光银行的微型金融市场化程度很高,虽然玻利维亚政府并没有出台具体的扶持政策,但其在20世纪八九十年代的经济与金融改革为微型金融机构与市场的发展创造了优越的条件。例如,为了使微型金融机构拥有合法地位、进行商业化运作和进行市场竞争,90年代玻利维亚政府先后出台各项金融改革措施,其中包括取消利率上限、减少计划性贷款、弱化国有银行特权、加强银行监管等。进入21世纪后,玻利维亚金融监管当局出台了资产风险加权、资本充足率、信息披露等方面的法规,规范小额信贷机构的市场化运作。

3. 经验总结

阳光银行40多年的发展历程并非一帆风顺,一路上经济危机、市场竞争、政府压力等坎坷接踵而来,它都一一见招拆招。但在其发展过程中,最难平衡的还是其自身收益和社会效益之间的关系。在此问题上,阳光银行不仅实现了可观的收入、利润和自身的可持续发展,也对玻利维亚贫困、失业和金融资源失衡等问题的解决做出了巨大的贡献。也正因如此,阳光银行与印尼人民银行一同成了制度主义小额信贷的国际典范。

阳光银行"草尖金融"成功的关键在于高度市场化的运作模式、立足于客户的多样化需求、积极探索产品创新,建立灵敏、有效的风险识别和管理制度。阳光银行模式表明,贷款利率并不是普惠金融的关键问题,高利率的小额信贷也能发挥普惠作用。拉美地区的小微企业主、个体商户日常经营的资本收益率很高,完全能够承担不低于50%的贷款利率;而阳光银行主要的资金来源是美元贷款,平均年利率在27%左右,较大的存贷款利差使其能够实现财务上的可持续。

(四) M-PESA模式

1. 发展历程

肯尼亚是个典型的非洲发展中国家,金融基础设施较差,金融排斥十分显著:长期以来银行账户拥有率低于20%,金融机构网点主要分布在城镇地区,而城镇地区人口数只占全国总人口数不到三成,七成以上的人口无法接触金融服务。为了实现金融的包容性,21世纪以来肯尼亚政府致力于推动普惠金融发展,而其最大特点就是M-PESA手机银行。

2007年,肯尼亚最大的电信运营商萨法利通信公司(Safaricom)推出M-PESA移动货币业务,用户可以在萨法利通信公司的虚拟账户里存取款、转账支付和话费充值,这种方式因为其安全、廉价、方便的优点而迅速推广。2010年,萨法利通信公司与肯尼亚权益银行、钻石信托银行以及西联汇款等金融机构合作,推出超市付款、国际汇款和ATM存取款等业务。2012年,萨法利通信公司与非洲商业银行合作推出M-Shwari业务,M-PESA账户资产可以直接转化为银行存款,从而其业务与商业银行的业务趋同,不过可以全部在手机上完成。目前M-PESA的用户已经超过2000万,覆盖了肯尼亚40%以上的人口,所承担的转账业务金额远超传统的银行,而且业务范围已扩展到存取款、商品支付、水电费支付、汇款、工资发放等各个方面。M-PESA发展迅速的主要基础条件有三个:一是萨法利通信公司占据肯尼亚移动通信市场80%以上的份额,其自身和零售商的网点和代理点分布遍布全国,远高于金融机构网点的密度;二是肯尼亚的手机普及率较高,并且M-PESA能够在非智能手机上操作;三是传统金融体系不仅可得性差,收费也较为昂贵,将大多数贫困人群拒之门外。M-PESA提供了一种廉价的金融服务渠道,解决了农村地区金融基础设施空白、金融资源匮乏的困境,提高了金融覆盖的广度和密度,M-PESA的出现,数年内使得肯尼亚成为非洲金融账户渗透率最高的国家。

2. 政府作用

M-PESA的快速发展离不开肯尼亚政府的大力支持。首先,肯尼亚政府愿意采用这种高风险的金融创新,并提倡把这种手机金融服务用到国家支付系统中以减少成本;财政部、中央银行和通信部在产品的前期开发阶段给予了指导和建议,并授权萨法利通信公司试运行M-PESA。其次,M-PESA在发展过程中一直处于政府包容而审慎的监管当中,一方面中央银行并没有干预其业务开展,另一方面银行通过反洗钱监管来规范其账户资金的存放和使用。

此外,除了发展手机银行模式,肯尼亚政府还不断推动小微金融的发展。为提高小微企业、贫困家庭的金融获得性,2008年肯尼亚政府出台《小微金融法案》,激励金融机构提供低价、薄利的服务与产品,并在2010年引进代理银行模式以提高金融网点覆盖率。

3. 经验总结

普惠金融是提高社会金融资源可得性的重要手段,这就离不开金融基础设施建设,肯尼亚的M-PESA手机银行模式是最早的数字普惠金融模式之一。手机银行提供的移动金融服务(MFS)凭借方便、安全、低成本的优势,既让低收入群体更加方便地进行支付活动,又提供了诸如储蓄、信贷、保险等多种金融产品,让他们得以接触正规金融服务,有力地推动了普惠金融的发展。

二、国内的有益探索

尽管我国的普惠金融起步较晚,但很多具有普惠性质的政策和做法早已开始实施。随着《推进普惠金融发展规划(2016—2020年)》在2015年的发布,我国普惠金融进入发展新阶段,全国各地都在积极探索既符合我国国情,又具有一定地方特色的普惠金融发展模式。本部分将对几例有代表性的国内探索进行分析。

(一)小微金融的泰隆模式

1. 发展历程

浙江台州地处东部沿海,和温州类似,当地制造业中小企业众多,且多为出口导向型。由于小微企业资金需求呈现"短、小、频、急"的特点,加上大多缺乏抵押担保品,融资问题对其生存发展形成了很大的制约。浙江泰隆商业银行、台州银行、浙江民泰商业银行等一些当地城商行,一直以来主动自发开展小微金融服务。泰隆银行的表现尤为突出,其自1993年成立起,一直专注于小微金融这一蓝海市场,以"小额信贷领域先锋,小企业成长好伙伴"为发展目标,积极创新小微金融服务的机制、产品和路径,有力推动了当地金融业的包容化、特色化。

泰隆模式最大的特点为"三三制"和"三品三表"的管理体系。针对小微企业融资的特点,其一直坚持小额度、短期限、笔笔清的原则,推出"三三制",即3小时内完成对老客户的贷款,3天内完成对新客户的贷款的回复;此外,为了达到更高的放款效率,泰隆银行对一线业务进行差异化授权,包括最底层的信贷片组在内的所有层级都有信贷审批权。针对小微企业存在的财务报表严重缺失、财务透明度低的难题,泰隆银行提出了"三品"(人品、产品和抵押品)和"三表"(水表、电表和海关报表)的考核方式;企业的经营情况、资信水平、还款能力和还款意愿可以据此得到真实反映,十分符合当地众多外贸型制造业小微企业的特点。如今,这种考核方式已经在政府部门的信息平台的帮助下逐步模型化,客户、信用卡风险等多个评估模型已经投入使用。在"三三制"和"三品三表"的基础上,泰隆银行积极探索针对小微企业特点的定制化金融服务:一是综合考虑融资成本、投资回报率等多种因素,将贷款利率细分为60多个档次,致力于实现一户一价、一笔一价;二是让一大批高素质营销人员沉入基层、主动出击,对客户的需求变化反应迅速;三是以放弃传统的抵押贷款方式,转而使用保证担保方式,将企业有限责任转化为实控人个人无限责任,同时推出道义担保、亲情担保等新方式。

坚持小微定位不仅让泰隆银行义利兼顾,同时资产质量并不差。截至2019年末,泰隆银行累计贷款规模达1300多亿元,服务的小微企业数目过百万,在贷款金额分布上,99.82%的客户贷款在500万元以下、95.50%的客户贷款在100万元以下;2019年末资产利润率为1.69%,不良贷款率仅为1.10%,远远低于其他商业银行。

2. 政府作用与财政支持

泰隆银行是一家能实现盈亏自负的商业银行,其从事小微金融也完全是市场化战略行为,并非政府扶持或政策驱动;但不可否认的是,当地政府,尤其是财政部门为促进小微金融做出了有力推动。政府发挥的作用主要体现在两方面:一是省、市、县各级政府的普惠金融专项资金降低了泰隆银行主动深入基层揽客的成本,对于泰隆银行积极探索小微金融服务模式和增加营业利润有所裨益。第二,泰隆银行科技转型过程中,财政部门为其提供了当地小微企业大量的数据,覆盖了工商、税务、司法和海关等方面,也为"三品三表"管理体系的数字模型化筑牢了根基。

3. 模式总结

泰隆银行成功的关键就是通过差异化定位实现错位竞争,用做"零售"的方法做小微金融,从信息获取、组织模式等各方面契合小微企业的需求,建立与之相匹配的优势,通过管理模式以及技术研发来创新小微融资,最终赢得一片"蓝海"。泰隆模式表明,做普惠金融不仅是社会责任,也是可行的盈利途径之一,而且并不依赖于政府部门,可以高度市场化。

(二) 兰考普惠金融试验区

1. 运作方式

2016年12月《河南省兰考县普惠金融改革试验区总体方案》出台,兰考成为我国首个、也是目前唯一的国家级普惠金融改革试验区。其突出"普惠、扶贫、县域"三大主题,形成了以"数字普惠金融综合服务平台为核心,普惠授信体系、金融服务体系、信用信息体系、风险防控体系"为主要内容的普惠金融兰考模式。

为了降低金融资源分配的不平衡性,提高金融资源的可得性,兰考采取了线上和线下相结合的策略。在线上端,兰考开发了名为"普惠通"的App,

这是一个数字普惠金融综合服务平台,面向所有金融机构开放。这大幅度扩宽了金融服务半径,丰富了金融业务场景,降低了获客成本。在线下端,兰考在每个行政村的党群服务中心建设普惠金融服务站,每个服务站明确1家银行主办,由村两委、驻村工作队和社保协管员具体运营,发挥基础金融服务、信用信息采集更新、贷款管理和金融消费权益保护等作用,实现"基层党建＋就业扶贫＋普惠金融"。

兰考模式的特色在于信贷前置的普惠授信,不论农户间的差异性,当地银行给予每个农户3万元的基础授信,只要满足无不良信用记录、无不良嗜好、有产业发展资金需求的条件就能启动信用,可随借随还、周转使用。在农户获得贷款后,银行逐步引导农户注重信用积累,基于农户的守信情况和信用等级动态调整授信额度和贷款利率。普惠授信贷款的年利率不超过6.75%(扶贫再贷款利率1.75%＋5%风险补偿),比正常农户贷款加权平均利率低3.6个百分点。截至2021年3月15日,兰考县已完成15万余农户的基础授信,发放普惠授信贷款29615笔、13.04亿元。这种普惠授信实现了农户信用资源的变现,在解决"农民贷款难、金融服务难、信用建设难、信贷风控难、服务成本高"五大难题方面取得了一定成效。

对于普惠授信贷款的风险,兰考模式中也设置了风险隔离机制。针对农村地区习性具有传染性、容易成片出现不良的特点,当普惠授信不良率达到一定比例时,即对整村、整乡停止新增授信。目前兰考设定的"临界点"为整村不良率达到5%、整乡达到4%时,停止该村或该乡新发放贷款,进行不良贷款清收。截至2021年3月15日,兰考县金融机构的普惠授信不良贷款率为0.03%,低于河南省平均水平。

2. 政府作用和财政支持

兰考模式是由兰考地方政府创立和实施的,而不是在市场化的引导下发展起来的,因此当地政府(尤其是人行和财政局)就发挥了重要作用,主要是有效降低了普惠业务的成本和风险。

(1)兰考县政府通过财政出资建立数字普惠金融综合服务平台和400多个村级服务站,显著降低了普惠业务的运营成本。

(2)兰考县政府对普惠金融贷款的使用进行引导,建议农户将其用于养殖、粮油生产、小提琴加工等具有地方特色和优势的产业,打造多个特色产业村,提高农户经营获利能力和贷款偿还能力,从而从源头上降低不良率。

(3)兰考县政府出台失信惩戒"铁五条",对失信者全部列入黑名单和"老赖户",以有力的失信惩戒制度来维护良好信用环境和降低普惠业务的信用风险。

(4)兰考县财政出资设立了合计超7500万元的各类风险补偿基金,用于分担金融机构从事普惠授信、金融扶贫、农房抵押贷款等业务的风险,并且引入分段分担机制,将贷款不良率划分为4段(2%以下、2%~5%、5%~10%、10%以上),2%以下的不良贷款损失由银行全部承担,政府分担比例随着不良贷款率上升而递增,风险得到锁定。同时,兰考县政府设立了高达2400万元的还贷周转金以解决资金的暂时周转困难问题。

3. 模式总结

兰考模式的关键在于通过渠道、产品和风险分担机制创新来提升金融资源可得性,从而提高金融机构参与积极性。兰考试验区取得了显著的成效:2020年末全县金融机构余额存贷比达到了79.6%(比试验区建设前提高了16.4个百分点),农户获贷率达42%(比试验区建设前提高了36个百分点)。这说明兰考模式的可操作性很高,基本达到了用3~5年时间形成可持续、可复制、可推广经验的预定目标,自2018年起兰考经验已经在河南省多个县市推广。

(三)新网银行的数字普惠金融

1. 运作方式

四川新网银行是我国第三家互联网银行,由新希望集团、小米和四川红旗连锁发起设立,于2016年12月正式开业。其无实体网点、无客户经理,甚至没有App;新网银行秉持"移动互联、普惠补位"的差异化定位方式以及"数字普惠、开放连接"的特色化经营模式,着力打造数字普惠金融驱动的"开放型数字银行"。

从战略定位来看,新网银行并不依赖于股东资源和区域场景,也不局限于互联网场景,而是采用开放API[①]接口的方式打造"万能适配器"般的开放型数字银行。通过开放300多个API接口,将流量较高的微信、滴滴、头条等生活服务类App嵌入在内,新网银行与商业场景平台深度合作,实现了金融服务入口的虚拟化和泛在化,最大限度地扩大流量、实现低成本获客。

从产品和服务来看,新网银行先后推出的好人贷、好事贷、滴水贷、放心借等产品均为信用贷,用于满足手机生态系统下的零售客户群体在购车、教育、交通出行、电商购物等领域的消费信贷需求。这些产品在其微信公众号即可完成申请和放款,十分便捷,授信额度较高(一般在50万元以上),贷款按日计息,最长分期5年。由于新网银行多通过同业拆借、信贷证券化和联

---

① API,Application Programming Interface,即应用程序编程接口。

合授信等获取资金,吸储成本不低,故资产端收益也要求较高,产品的年化利率一般在10%以上。

从风险控制来看,新网银行最大的特色为成熟的大数据风控技术。开放API模式带来的独特优势就是数字能力共享:在加强与各类应用场景的合作过程中,将自身业务融入对方的生态圈之中,与合作方共享互联网用户基于支付、信贷、储蓄等形成而产生的海量数据,这就为客户(尤其是新客户)精准画像奠定了基础;通过分析客户精准画像,对数据进行深入挖掘分析,可以根据由此得出的用户资信水平和偿还能力给予相应的授信额度和利率安排。新网银行运用大数据、人工智能等技术加强其风控系统,有效降低了其不良贷款率,2019年上半年这一数字仅为0.48%。

在取得社会效益的同时,新网银行也做到了商业的可持续。新网银行在开业一年半的时间里就实现了扭亏为盈。截至2019年6月末,新网银行累计放款量达到2617亿元,累计服务客户2490万,在管资产851亿元,营业收入11.5亿元,利润4.67亿元,2019年上半年新网银行营收达到11.52亿元,净利润4.67亿元,在所有的民营银行中处于领先地位。

2. 政府作用

尽管新网银行是高度市场化运营,但其数字普惠金融模式能够取得成功,离不开政策支持和包容性的监管:

一方面,民营银行的诞生与发展受到党中央、国务院与金融监管部门的诸多政策支持,为了加强对于小微企业、"三农"建设与精准扶贫等领域的金融扶持力度,近年来监管部门多次强调民营银行的重要性,自2010年起接连出台设立民营银行利好政策。

另一方面,互联网银行虽然为民众带来了众多的融资便利,提高了资金可得性,但也存在例如过度借贷、重复授信、非法催收、利率畸高等风险。为了支持、鼓励新网银行探索数字普惠金融模式,银保监允许其开展线上信贷业务,让新网银行开放银行、联合贷款的模式成为可能。

3. 经验总结

从"零资产"起步,新网银行在成立前两年中放款金额累计达到近2700亿元,服务客户累计超过2500万,其中近80%来自三、四线城市和农村地区,超过15%为无征信报告、无信用记录、无贷款记录的信用"白户",覆盖大量信用记录缺乏、从未享受过正规金融机构授信服务的群体。新网银行完成了银保监会所赋予其的"服务小微群体、支持实体经济、践行普惠金融"的使命。

新网银行探索了一条不依赖股东资源、不依赖单个场景流量、不依赖传统"存贷利差"盈利模式的新路径,其借助开放API接口对多类型金融模块进行整合,真正实现了数字化运营;同时综合运用金融科技有效识别和防范了信贷风险,将不良率控制在极低水平。总的来说,新网银行模式运用网络技术在普惠金融领域的探索十分成功,可以称为是我国数字普惠金融领域的极佳实践。

三、普惠金融发展的一般经验和启示

通过总结上述国内外的成功模式与探索实践,可以发现发展普惠金融主要包括制度创新模式、微型金融模式、代理银行模式和技术创新模式等途径。这些途径都有共同之处,可以总结为普惠金融发展的一般经验,主要体现为四个方面:

(一)坚持市场化定位是基础

根据国内外的实践与探索,市场化导向成为普惠金融发展的主流,多为政府部门制定发展战略引导、金融机构自主开展相应业务。有的甚至市场化程度非常之高(如玻利维亚等拉丁美洲国家),仅需政府部门保持宏观经济稳定和给予政策允许即可;部分国家的普惠性金融机构在前期需要政府补助和奖励,但假以时日往往能摆脱对政府补助与政策扶持的依赖,达到商业可持续。而对于政府部门,在推进普惠金融发展时必须厘清政府与市场发挥作用的边界,不宜直接插手和干预金融机构的普惠业务,只需提供相应的政策支持,例如实施鼓励性的税收政策、完善金融基础设施和实施包容审慎的金融监管等。

在我国,普惠金融的市场化定位还面临一个特殊问题,即现有的金融精准扶贫、公益金融等战略和实践与普惠金融在目标群体、参与机构、实施手段和最终目标等多个方面有重合和相似之处,但必须将三者区分开来,进行清晰的政策定位:普惠金融能够发挥扶贫作用,但不等于扶贫,也不等于恩惠,不是政府主导。因此,推进普惠金融发展时,在加强政府引导和支持的同时必须让市场发挥决定性作用,让金融机构主动去开发县域和农村市场,形成政府与市场的良性互动。

(二)提高金融资源的可得性是关键环节

建设"普"惠金融,就是要让更多的普罗大众享受金融服务,提升金融服务覆盖率。要想解决"惠"的问题,首先要解决"普"的问题。从各国的普惠金融实践来看,普惠金融的核心环节在于让处于金融排斥状态的人群能够获得金融资源:一方面是政府部门和金融机构通过代理银行、手机银行等模

式将金融网点拓展到边远、贫困地区；一方面是金融机构主要面向贫困群体和农村人群发放小额信贷，并不断根据各个细分群体的不同需求设计更多产品种类，而且信贷的利率水平并不低。

在我国，基本全国所有县域都有银行网点，包括偏远山区、民族地区和边疆地区，金融网点覆盖率、账户渗透率已经不是约束问题。主要瓶颈在于金融产品的可得性，尤其是农村产业发展、个体户经营、创新创业、小微企业经营和个人消费领域的信贷需求。这些领域的目标人群往往缺少抵押担保品和信用记录，处于"无贷款—无信用记录—难贷款"的恶性循环，加上金融机构的现有信贷产品往往标准化程度高、门槛高，不适用于这些群体，导致这些群体长期处于金融排斥状态。因此，通过创新打破金融可得性的恶性循环，是推动普惠业务发展的重中之重。由上述的分析可知，高利率导向的阳光银行模式在市场中奏效的同时，低利率导向的格莱珉银行模式也取得了成功，这充分表明可持续的普惠金融模式更注重的是信贷资源的可得性，同时辅以一系列配套风险管理机制作为保证措施，贷款利率并非主要约束问题。

（三）适度的财政支持是有力保障

解决收入来源不稳定、征信数据缺失、缺乏担保物的贫困人群、小微企业等群体的资金可得性问题是建设普惠金融的关键，而向他们提供可负担的金融服务意味着获客难度大、业务成本高、违约风险高和收益率有限，金融机构往往会因此望而却步。此时就需要政府部门的补助和激励，以此提高金融机构开展普惠业务的积极性。从各国的普惠金融实践来看，这些支持政策多为财政补贴、税收优惠、贷款贴息等。

在我国，财政部拨付的普惠金融发展专项资金主要用于县域金融机构涉农贷款增量奖励、创业担保贷款贴息及奖补等四个方向，同时部分地方政府创造性地引入了风险补偿基金、再担保和政府采购等形式来进一步提高支持力度和提供信用增进。总的来说，我国政府对推动普惠金融发展给予了较大力度的资金拨付和政策支持，但专项资金使用效率、金融机构积极性的进一步提高仍是亟待解决的问题。

（四）数字普惠是发展趋势

随着科技的极速发展，其与金融的有机融合使得金融科技（Fintech）这一新业态逐渐形成。从本质上讲，金融科技具有普惠的内生基因——依照开放生态＋智能技术＋用户下沉模式，进行金融服务创新，并解决实际场景需求，尤其是解决传统金融排斥群体的金融需求，实现普惠金融的目标。因此,金融科技是推动普惠金融解决贫困人群以及小微企业金融需求的有力手段,促进普惠金融向数字普惠时代发展。早在2016年G20杭州峰会通过的《G20数字普惠金融高级原则》就已鼓励各国利用数字技术促进普惠金融发展。数字普惠带来了许多具有创造性的商业模式、新兴技术和服务方式,是新时代下发展普惠金融的必由路径。

数字普惠能够解决传统普惠金融的诸多难题和弊端:首先,数字化有助于解决"普"的难题。2019年联合国普惠性发展融资特别倡导(UNSGSA)和剑桥大学替代金融中心(CCAF)联合发布的金融科技发展报告指出,过去十年来,金融科技产业通过移动支付、P2P借贷、替代信用评分等模式显著提升了无银行账户人群的金融服务体验,大幅推动了普惠金融的发展。如果这个趋势继续维持下去,那么全球目前剩余的17亿无银行账户的人群也将有望获得金融服务和相关扶持。

其次,数字化有助于解决"惠";大数据、云计算等数字技术对于解决金融机构在风险识别和业务成本方面的难题起到了关键作用,使得大规模开展普惠性零售信贷具备了技术可行性和经济可行性,同时降低了金融机构单个客户边际成本。根据麦肯锡咨询公司的测算和估计,数字化转型可以让一家典型银行的收入提升30%、成本削减25%,尤其在支付、个人贷款等高周转的产品方面。目前花旗银行、新加坡星展银行、英国巴克莱银行等国际领先银行已经开始数字开放化实践,构建开放共赢的普惠金融生态。

最后,数字化对解决商业可持续的问题有很大帮助;在解决"普"、"惠"和服务质量的基础上,凭借更广泛的客户群体、更低廉的渠道成本、更精准的风险定价,数字普惠能够更有效地解决传统普惠金融服务成本与收益不对称的问题,从而使得普惠金融发展可持续。

第二节 国外财政支持普惠金融的方式及启示

通过上述成功的国外普惠金融模式可以看出,构建普惠金融体系的过程中,政府部门必须在财政支持下通过战略规划、政策建立、金融机构补贴、金融基础设施建设等给予激励和帮助。不同于孟加拉国、印尼、尼日利亚等发展中国家,德国、日本和美国等发达国家虽然没有构建专门的普惠金融政策体系,但他们在解决小微企业融资、支持农业发展等问题上卓有成效,尤其是其中的财政支持措施。本节主要对德国、日本、美国财政支持普惠金融的具体措施进行介绍与分析,为我国的财政支持方式优化提供借鉴。

一、国外财政支持小微企业的方式

(一) 德国

德国政府通过各项政策协同支持当地小企业融资,大大推动了小企业的发展。其中,德国的政策性银行、财政补贴、地区工商协会等财政支持方式在促进小企业成长上起到了举足轻重的作用。

1. 政策性银行

在德国,信息不对称是阻碍小企业获取贷款投放的主要因素。政府建立政策性银行帮助金融机构通过更直接的方式了解小企业的经营状况,在两者之间搭建了更透明的桥梁。德国的资本市场不如美国那么成熟,融资渠道也相对没有那么丰富,当地大多数中小企业都是通过银行贷款进行融资,政策性银行在帮助小企业融资方面发挥了重要的作用。

德国复兴信贷银行就是典型的政策性银行,其由德国财政部出资设立,财政部和联邦经济技术部对其进行监管,但其在运营上并不完全依赖于政府的财政补贴,而且会通过发行债券、利润留存、政府担保这三个维度获利。复兴信贷银行的开发性业务包含创新、环境保护、基础设施、教育培训、住房投资、初创企业、普通中小企业等七类业务,其中小微企业信贷业务是其开发性业务的重要组成部分,且贷款笔数多,单笔贷款金额小,这是广覆盖的普惠制原则的体现。

在经营模式上,它与商业银行合作,为商业银行与小企业之间搭建桥梁。常规流程为,小企业向商业银行递交贷款申请,商业银行对其进行评估,确认其具备贷款资格后向复兴信贷银行提出申请,若申请通过,小微企业即可得到由商业银行发放的贷款。贷款中有70%为复兴信贷银行提供,30%由商业银行提供,贷款利率低于市场利率水平(商业银行可以在此利率基础上增加一个百分点再贷给小企业)。一般而言,商业银行在该经营模式中承担部分或者全部风险,但出现风险较大的、需要政府支持的项目时,复兴信贷银行则承担全部风险。

除此之外,德国各州的建设银行和储蓄银行为当地小企业的发展和扩张提供了有力的资金支持。

这种政策性银行的出现,为商业银行深入了解企业提供了新渠道,减少了小企业的融资约束。

2. 财政补贴

德国小企业的发展离不开财政支持的帮助。在德国支持小企业发展的各项资金中,财政资金的占比高达70%。具体来看,德国的财政资金主要从创新和发展两个角度来为小企业提供支持。

（1）创新补贴。为了展示政府对于创新的重视，德国接连出台了一系列支持小企业创新的财政补贴政策，这些补贴大致分为四个方面，一是为提升企业的核心竞争力、加速转化器科研成果，针对小企业在科研活动中的技术、产品、工艺等方面发放的补贴。二是为提升企业的信息化管理水平，针对企业的现代化管理平台提供的财政支持。三是为部分地区的小企业科研创新提供资金和政策支持。四是建立为小企业服务的政策性银行，为小企业申请的专利提供补贴。

（2）外贸补贴。在政府大力鼓励中小企业扩大出口之后，德国出口型小企业数量飞速提升。在德国加入WTO之后，因受小企业出口贸易相关制度的制约，政府对小企业出口商品提供补贴转变为支持小企业参加国外的各类展销会以开拓海外市场。

由此观之，德国政府的补贴方式并不是一成不变的，而是随着国情和市场状况的变化而适应改变的。因此，在我国建立普惠金融奖补政策时，必须要根据国情变化、市场特点以及服务需求，设立并不断调整适合我国国情的财政奖补制度。

3. 地区工商协会

地区工商协会完善了小企业的关系型借贷模式，这也是德国政府创立的十分具有特色的机构。根据德国的法律法规，小企业必须加入当地的工商协会以及缴纳会费。工商协会对于会员企业的财务状况、日常经营情况有较为清楚的了解，因此可以为其提供法律或财务方面的专业服务。虽然工商协会不具有直接给小企业借款的资金实力，但是它可以在小企业与金融机构之间的牵线搭桥，助力小企业取得金融机构的贷款。

地区工商协会帮助德国的小企业更轻松地取得融资，实现企业的快速发展和迅速扩张。我国也可以借鉴其做法，根据中国特色打造专业化的服务平台，促进我国小企业在资金充足的环境中不断发展。

（二）日本

众所周知，日本是一个以对外贸易为主的国家。日本的科技和经济的发展离不开其数量众多的小企业的成长。而公共政策体系在小企业的快速发展中发挥着举足轻重的作用，在减轻小企业融资压力方面做出了巨大贡献。

1. 政策性金融机构

日本小企业融资的主要渠道是政策性金融机构以及民间金融机构。不同类型的政策性金融机构为企业提供不同方面的融资帮助。例如，日本的国民生活金融公库可以为高新技术小企业提供贷款,也可以在经济环境恶化时为小企业提供应急贷款;中小企业金融公库主要为小企业提供中长期流动资金,同时也为企业提供购置设备、风险投资等贷款;商工组合中央金库则专注于为小企业办理存贷款业务、发行金融债券。

日本小企业的融资约束在政策性金融机构的帮助下得到了缓解,我国可以借鉴其做法,根据自身特性,建造我国的政策性普惠金融机构。

2. 信用担保体系

日本目前的小企业信用担保机构皆由银行和政府共同出资建立。这些担保公司为小企业提供贷款担保服务,若借款公司违约,担保机构代偿,赔付贷款金额的80%至100%。

中小企业若想通过担保增信方式贷款,需要在担保公司同意其申请之后将担保函呈递给商业银行。当然只有满足一定条件的小企业才能拿到担保函,享受政策扶持。日本的多层次信用担保体系由此形成。

同时,日本建立了信用担保数据库,其数据来源为金融机构和信用担保机构。目前信用担保数据库已覆盖了日本超过70%的中小企业,其贷款或申请担保的行为都会收录至数据库内,根据这些数据对中小企业进行评级,为以后的信贷提供风险评估。此外,日本的监督机构FSA(Financial Service Agency)会对信用风险数据库进行模型、数据等方面的定期评估,以确认其准确性。

日本的小企业信用担保体系为我国普惠金融风险管理打开了新思路。政策性融资担保机构将担保和财政结合起来,有效完善了风险共担机制,使得金融机构开展普惠业务的风险管理压力大大减轻。

(三) 美国

美国作为金融市场发展最成熟的国家,普惠金融市场体系已经较为完善,财政的主要对策手段相对较少,更多的是立足于引导市场为普惠金融服务。美国的普惠金融服务对象主要以小企业为主,财政支持的主要手段是通过小企业管理局(SBA)来开展的,这种成立专门服务小企业的管理部门的集中化支持方式,给我国普惠金融的发展路径提供了良好的参考。

1. 建立政策性金融机构及金融体系

1953年,美国小企业管理局正式成立,其为小企业相关政策的主要制定和执行部门,本质是政策性金融机构,专门为小企业提供服务。SBA的设立有效地避免了政府管理小企业部门过多而导致的职能交叉问题,这种专属部门管理专有问题的职能设置降低了政府部门的冗杂程度,有效提高了相关工作效率。同时,美国小企业创新研究计划(SBIR)、小企业技术转让计划(STTR)等相关法案的出台也在小企业的成长中发挥了不可磨灭的作用。

同时SBA、进出口银行和农民家计局共同组成了美国的政策性金融体系,其将小企业需求、财政和金融体系相结合,财政支持的协同作用得到了有效发挥。

这种由政府部门设立政策性金融机构来为小企业提供金融服务的做法极大促进了美国普惠金融的发展,我们的普惠金融发展也可进行适当的借鉴。

2. 税收扶持政策

为了降低小企业经营成本,保证小企业顺利运行,美国是第一个出台政策对小企业提供税收优惠的国家。经济复兴法、减轻税收负担法等法案清晰地阐述了政府的税收扶持政策,具体表现在税收减免、降低税率、加速折旧、鼓励科研这几个方面。税收优惠政策减少了美国小企业的税收支出,生产成本和资金占用也因此降低,为小企业的业务扩张与快速成长创造了优越的条件。

3. 建立社区银行

美国的社区银行也是可以提升金融服务覆盖面的一个重要金融机构,其定义为在一定区域范围内,根据市场化原则自主设立、独立经营的中小型银行,其产品和服务多以零售为主,主要业务涉及小企业贷款、农业贷款、住宅按揭贷款、信用卡等,同时积极开发财务咨询、证券、信托等业务。社区银行具有以下特点:

(1)社区银行的定位十分清晰,具有极强的业务针对性。其主要客户为不被大型银行重视的中小企业、农场主等,且融资贷款方式多样化,收费较低,通过这种经营策略,社区银行自身的竞争力提升,同时其主要服务对象与大型银行错开,实现一定程度的互补。

(2)由于社区银行服务范围为一定区域内的客户,因此其和社区联系紧密,客户关系稳固。因此,其资金来源相对稳定,风险小,抵抗风险的能力较强。

(3)借贷双方在信息方面较为对称,贷款损失的情况较少。由于服务范围的固定性和区域性,社区银行的员工能够掌握更为精准的客户信息,贷款质量大幅提升,管理贷款的效率也明显提高,因此贷款损失较低。

在目前阶段,我国还未出现真正意义上的社区银行,但部分村镇银行、民营银行等与社区银行具备大体一致的定位和服务对象。美国社区银行的发展经验为我国提供了以下几方面的借鉴作用：

一是政府帮助社区银行降低财务风险。由于社区银行所服务的对象收入较低，抵御风险的能力较弱，因此SBA为贷款项目提供了担保支持，这一举措使得社区银行的经营风险大幅度降低。同时，美国政府对社区银行的企业所得税实施了减免政策，社区银行具有按照市场利率决定存款利率的权利，同时社区银行不需要向中央银行缴纳存款准备金。上述措施降低了社区银行开展业务的风险与成本，大大提高了其积极性，使其得到更持久的发展。

二是明确社区银行的业务使命——关注社会公众利益。在此业务使命下，社区银行的重点服务群体定位为低收入人群、创业初期的企业、规模较小的企业等。其背负着创造新的市场和就业机会、帮助小微企业以及初创公司更好发展、为传统大型银行的金融排斥群体提供金融服务。

三是重视借款人的个性化信息。通过借款人的征信记录、财务数据等资质资料，以及借款人的信用历史、可支配收入等微观资料，社区银行可以做出合适的信贷决策、设计金融产品。例如为负债金额较高的客户设计债务清偿或债务转换方案，为对金融了解较少的社区成员提供合适的金融理财项目等。社区银行对借款人个性化信息的重视一方面使得很多金融弱势群体得到了金融支持，另一方面也是其承担社会责任的体现。

二、国外财政支持"三农"的方式

（一）欧盟

自1962年起，欧洲开始实施共同农业政策，旨在提高农业劳动率，保证农民生活水平、稳定农产品市场、保护农业环境。在1991年之前农业补贴政策以价格支持为主，1992年之后直接收入补贴成为主要政策。其主要农业补贴工具为以下几类：

（1）价格支持。政府会对各类农产品设定干预价格，当市场价格低于该干预价格时，农产品市场管理组织会以干预价格为成交价，对农产品进行收购，因此，农产品的价格不会进一步下跌，农民的经济利益得到保障，农产品市场得以稳定发展。政府同时也对进口农产品的价格实施控制，以此保护农民权益。

（2）直接收入补贴。为了防止因农产品的担保价格锐减而引起农业从事者和农产品产量减少的情况发生，20世纪90年代，欧盟出台了与产量部分脱钩的直接收入补贴政策，以此增加农民收入、保持农产品市场稳定发展。

（3）农业环境补贴。欧盟将并没有仅仅将农业问题视为粮食安全与供应的问题,而是将其提升至生态环境保护、经济持续发展的高度。因此,为了表示对生态环境的补偿,欧盟提供了诸如因减少农药使用而引起减产损失的补贴。同时,欧盟鼓励农场主不仅要将自己看作是农产品的制造者和生产者,也需要明确自己农业环境保护者的定位。

(4)农业结构调整补贴。此政策通过为农民提供职业训练或社会信息、重新分配农业土地、关注农产品加工和销售等多个方面提供补贴的方式,使得欧盟内部成员国获得均衡的发展。补贴方式分为直接补贴和间接补贴两种,其中直接补贴的项目必须符合欧盟的共同利益。

(5)农村发展补贴。欧盟一直对农村的经济与发展十分关注,其主要补贴的项目大致为两个方面,一是增加农民福利,鼓励农民通过多种方式对农场进行经营,改善农村的交通等。二是提高农产品质量,尽量控制和减少人类活动对农业环境的不良影响,增强农业发展的可持续性。

同时,欧盟也提供了出口补贴、短缺农产品补贴等政策对农业进行补贴,以达到提高农业劳动率,保障农民生活水平,稳定农产品市场、保护农业环境等目的。

(二)日本

日本人口密度大,自然资源十分匮乏,在农业方面并没有显著优势。在第二次世界大战后的一段时间,日本对国内的农业基础补贴并不重视。这一情况在1995年日本开始执行乌拉圭回合谈判农业协议之后有所改善,其通过实行新粮食法、削减农业的综合支持量、改革农业基本法、增强农业发展的基础能力等多种方式将重心由对农产品价格的支持逐步转向为对农业生产能力的支持,由此,日本从常规农业补贴阶段进展到新农业形式补贴阶段。目前日本的农业补贴政策主要有以下几个方面:

(1)对农业现代化设施的购置提供补贴,即农民在集体购买插秧机、收割机等现代化设施时,可以获得由地方政府、中央政府共同提供的财政补贴,此外农民可以从获得国家补贴的金融机构处申请利率较低的贷款。

(2)对水利基础设施的建设提供补贴。大型农田的水利基础设备由政府建造。一般规模的水利设施也可以得到政府的补贴,农民只需要负担小部分资金。和农业现代化设施一样,水利基础设施也可以获得利率较低的贷款。

(3)农业贷款利息补贴。如上述所说,农民在农业改良项目、农业现代化项目、农业公库相关项目的建设上可以获得相对低息的贷款。政府为金融机构提供一定的补贴以补偿低息的损失。

(4)农业保险补贴。日本采用国家财政支持的互助合作模式,即建立保险会社等互助性保险机构。农业保险不但能在生产环境恶劣时有效保护农民的财产,而且稳定了社会经济。同时,由于其不以营利为目的,因此为了减轻这些互助性保险机构的保费负担,对于农作物严重受损的农民,政府会承担超过正常保费部分的资金,同时,政府会根据风险和费率的不同,为各个地区提供不同的补贴。

(5)农产品价格补贴。日本对多种农产品实施了不同形式的价格补贴。例如牛奶大豆为差价补贴制,蚕茧猪肉为价格稳定制,蔬菜鸡蛋为价格安定基金制,对于大米这种在日本具有重要地位的主食而言,政府向农民支付的购买价格高于市场上消费者承担的价格,以此方式来鼓励农民生产大米,保证大米的生产规模。

(三)美国

美国农业发达程度位居世界第一,这很大程度上得益于其完备的农业保护政策和实施体系。1933年通过的农业调整法体现出了农业补贴的雏形,1977颁布的粮食与农业法案意味着"目标价格——价差补贴系统"政策的全面执行。自此开始,每隔5年,美国政府就会对农业补贴政策进行补充和修订。

截至目前,美国的农业补贴政策主要包括直接收入补贴、农业保险补贴、农业环境保护补贴、资源保有补贴、贷款差额补贴、农业紧急援助补贴、反周期补贴、农产品贸易补贴等。

三、国外财政支持经验和启示

综上所述,德国、日本、美国等发达国家运用财政支持解决小企业问题、"三农"问题方面的有效做法,为我国财政支持普惠金融发展提供了范例,打开了各种新思路。

为了提高小企业资金可得性,推动其更好发展,发达国家均促进政策性金融机构与市场化的金融机构相互配合、良性互动,打破企业与金融机构间的信息不对称,达到丰富小企业融资渠道的目标。同时,税收扶持政策也帮助小企业减轻税务压力,将更多资金使用在自身的发展上。德国的地区工商协会、日本的信用担保体系和美国的社区银行都是富有本国特色的财政支持方式,虽然其支持形式各不相同,但都强调了财政的重要协同作用,即在通过财政支持帮助小企业发展时,与市场金融体系的相互配合是必不可少的。

而在"三农"问题的解决上,欧盟、日本、美国更多地采取的是补贴的政策,这些不断调整的、种类繁多、覆盖范围广的财政补贴政策共同搭建起完整、系统的农业补贴体系,确保政府补贴和财政支持能落实到农民生产、储藏、销售等多个环节中。

他山之石,可以攻玉,在结合中国特色社会主义新时代国情的前提下借鉴发达国家在小企业领域、农民领域的有效做法,可以更有效率地发展具有中国特色的普惠金融财政支持方式,以推动经济社会的高效率发展。

第三章 我国财政支持普惠金融发展的效应分析

第一节 财政支持普惠金融的相关政策分析

一、县域金融机构涉农贷款增量奖励政策

表3-1 县域金融机构涉农贷款增量奖励相关政策

发布时间	政策部门	政策名称	政策解读
2009年4月	财政部	《财政县域金融机构涉农贷款增量奖励资金管理暂行办法》	财政部门对县域金融机构上年涉农贷款平均余额同比增长超过15%的部分,按2%的比例给予奖励。对上年末不良贷款率同比上升的县域金融机构,不予奖励
2010年9月	财政部	《财政县域金融机构涉农贷款增量奖励资金管理办法》	对年末不良贷款率高于3%且同比上升的县域金融机构,不予奖励
2014年1月	财政部	《关于进一步扩大财政县域金融机构涉农贷款增量奖励试点范围的通知》	从2014年起,将福建、山西、海南、重庆、贵州、青海和西藏7省(区、市)纳入县域金融机构涉农增量奖励政策试点范围
2016年9月	财政部	《普惠金融发展专项资金管理办法》	对符合条件的县域金融机构当年涉农贷款平均余额同比增长超过13%的部分,财政部门可按照不超过2%的比例给予奖励。对年末不良贷款率高于3%且同比上升的县域金融机构,不予奖励

续表

发布时间	政策部门	政策名称	政策解读
2017年6月	财政部、税务总局	《关于延续支持农村金融发展有关税收政策的通知》	自2017年1月1日至2019年12月31日,对金融机构农户小额贷款的利息收入,免征增值税
2017年10月	财政部、税务总局	《关于支持小微企业融资有关税收政策的通知》	自2017年12月1日至2019年12月31日,对金融机构向农户、小型企业、微型企业及个体工商户发放小额贷款取得的利息收入,免征增值税。财政部、税务总局《关于延续支持农村金融发展有关税收政策的通知》(财税〔2017〕44号)第一条相应废止
2019年3月	财政部	《关于做好2019年中央财政普惠金融发展专项资金管理工作的通知》	为进一步发挥财政资金引导和放大效应,聚焦缓解民营和小微企业融资难、融资贵问题,自2019年起中央财政将调整资金使用方向,县域金融机构涉农贷款增量奖励政策不再执行
2019年8月	财政部、税务总局	《关于金融企业涉农贷款和中小企业贷款损失准备金税前扣除有关政策的公告》	金融企业根据《贷款风险分类指引》(银监发〔2007〕54号),对其涉农贷款和中小企业贷款进行风险分类后,按照不同风险等级对应的比例计提的贷款损失准备金,准予在计算应纳税所得额时扣除

2009年至2010年的相关政策体现出了对涉农贷款资金管理的重视,目的是为了建立一个财政支持的长效机制,以此来支持"三农"建设。具体政策体现在对涉农贷款增长的奖励,对不良贷款率不达标的惩罚。此外,涉农贷款的种类也有所细化,规定了农户农林牧渔业贷款、农村企业及各类组织农林牧渔业贷款等四类贷款。

2009年至2013年政策将涉农贷款增量试点范围扩大为18省(区),其中还包括了5个西部省(区);2014年则进一步扩大了试点范围,将福建、海南、西藏等7省(区、市)纳入范围,截至2014年,试点地区扩大至25个,这些地区包括了绝大部分的中西部地区以及所有的粮食主产区。

2016年政策继续对涉农贷款平均余额同比增长达到规定的部分给予奖励,与之前的对比来看,变化主要体现在由之前的超过15%的部分改为超过13%的部分。由此可以看出,我国对县域金融机构涉农贷款的奖励范围扩大了,给予了金融机构涉农贷款更多的财政奖励,来引导金融机构加大涉农贷款投放力度。

2017年国家出台了一系列税收优惠政策来支持农村金融机构的改革发展,对金融机构向小微企业、个体工商户及农户发放小额贷款所取得的利息收入开始免征增值税。

2019年政策聚焦小微企业和民营企业的融资难、融资贵问题,期望发挥出财政资金的引导效应和放大效应。自2019年起,中央财政调整资金的使用方向,不再执行之前的增量奖励政策。此外,金融企业对涉农贷款和中小企业贷款进行风险分类后,按照不同风险等级对应的比例计提的贷款损失准备金,准予在计算应纳税所得额时扣除。

总体来看,我国财政对县域金融机构涉农贷款增量进行了奖励,规定了奖励的比例以及奖励的条件。其次,不断扩大奖励试点范围和奖励贷款比例范围,加大对金融机构涉农贷款的奖励。同时,政府部门还推出一系列的税收优惠政策,以此来帮助金融机构降低经营成本。近些年,变化主要体现在财政部取消了涉农贷款增量的奖励,转而引导财政资金解决小微和民营企业的融资问题。

二、农村金融机构定向费用补贴政策

表3-2 农村金融机构定向费用补贴相关政策

时间	政策部门	政策名称	政策解读
2009年4月	财政部	《中央财政新型农村金融机构定向费用补贴资金管理暂行办法》	财政部对上年贷款平均余额同比增长,且达到银监会监管指标要求的贷款公司和农村资金互助社,上年贷款平均余额同比增长、上年末存贷比高于50%且达到银监会监管指标要求的村镇银行,按其上年贷款平均余额的2%给予补贴

续表

时间	政策部门	政策名称	政策解读
2010年5月	财政部	《中央财政农村金融机构定向费用补贴资金管理暂行办法》	扩大了农村金融机构定向费用补贴的范围,中央财政将对基础金融服务薄弱地区的银行业金融机构(网点),按其当年贷款平均余额的2%给予补贴
2014年3月	财政部	《农村金融机构定向费用补贴资金管理办法》	财政部对当年贷款平均余额同比增长,且当年涉农贷款和小微企业贷款平均余额占全部贷款平均余额的比例高于70%(含70%)的新型农村金融机构,其中村镇银行还需满足年均存贷比高于50%(含50%)的条件,按照其当年贷款平均余额的2%给予补贴。对西部基础金融服务薄弱地区的银行业金融机构(网点),财政部门可按照其当年贷款平均余额的2%给予补贴。新型农村金融机构不重复享受补贴
2016年9月	财政部	《普惠金融发展专项资金管理办法》	对新型农村金融机构的定向费用补贴比例由原来的按其当年贷款平均余额的2%补贴改为按不超过其当年贷款平均余额的2%补贴
2019年3月	财政部	《关于做好2019年中央财政普惠金融发展专项资金管理工作的通知》	严格审核申请补贴机构的资格和材料真实性、准确性,确保对当年贷款平均余额、年均存贷比、涉农贷款和小微企业贷款占比等符合要求的新型农村金融机构给予补贴,确保补贴资金安排不超范围、不超标准、不超时限,坚决防止出现弄虚作假等问题

2009年,财政部开始对农村金融机构进行定向费用补贴,规定对贷款平均余额达到一定标准的农村资金互助社、贷款公司等三类新型农村金融机构给予补贴。2010年政策扩大了费用补贴的范围,补贴范围涵盖了基础金融服务薄弱地区的银行业金融机构,利用财政支持来改善农村金融服务。

2014年,财政部将补贴条件中的当年涉农贷款和小微企业贷款平均余额占全部贷款平均余额的比例由50%提高到70%,更严格地规定了财政补贴范围。

2016年政策将定向费用补贴比例由2%修改为补贴不超过当年贷款平均余额的2%。由此可知,财政设定了补贴上限,而不再按固定比例补贴。这在一定程度上降低了财政对新型农村金融机构费用补贴。同时,该政策还具体规定了不享受补贴的贷款。

2019年,财政部要求严格审核申请补贴机构的资格和材料,保证对符合年均存贷比、小微企业贷款占比和当年贷款平均余额等要求的金融机构给予补贴,确保补贴资金的安排不超范围、不超标准、不超时限,坚决防止出现弄虚作假等问题,加强财政补贴资金的监管,提升财政资金使用的效率。

总体来看,为了引导和鼓励金融机构主动提高农村金融覆盖率和金融服务质量,我国财政不断扩大农村金融机构费用补贴的范围,即提高财政补贴覆盖范围。其次,不断细化对符合补贴的新型农村金融机构的要求。近几年来,我国将固定的财政补贴比例改为有上限的财政补贴比例,提高了财政资金的效率。

三、创业担保贷款贴息及奖补政策

表3-3 创业担保贷款贴息及奖补相关政策

发布时间	政策部门	政策名称	政策解读
2015年4月	国务院	《国务院关于进一步做好新形势下就业创业工作的意见》	将小额担保贷款调整为创业担保贷款,贷款最高额度统一调整为10万元。对个人发放的创业担保贷款,在贷款基础利率基础上上浮3个百分点以内的,由财政给予贴息
2016年7月	中国人民银行、财政部、人力资源和社会保障部	《中国人民银行、财政部、人力资源社会保障部关于实施创业担保贷款支持创业就业工作的通知》	将小额担保贷款政策调整为适用于所有符合条件的小微企业。对小微企业当年新招用符合创业担保贷款申请条件的人员(排除大学生村官、留学回国学生、返乡创业农民工、网络商户)数量达到企业现有在职职工人数30%(超过100人的企业达到15%),并与其签订1年以上劳动合同的,经办金融机构根据企业实际招用人数合理确定创业担保贷款额度,最高不超过200万元,并由财政部门按相关规定贴息

续表

发布时间	政策部门	政策名称	政策解读
2016年9月	财政部	《普惠金融发展专项资金管理办法》	对贫困地区符合条件的个人创业担保贷款,财政部门给予全额贴息;对其他地区符合条件的个人创业担保贷款,财政部门第1年给予全额贴息,第2年贴息2/3,第3年贴息1/3。对符合条件的小微企业创业担保贷款,财政部门按照贷款合同签订日贷款基础利率的50%给予贴息
2018年12月	国务院	《关于做好当前和今后一个时期促进就业工作的若干意见》	勉励支持就业创业,将加大创业包管贷款贴息及奖补政策支持力度
2019年3月	财政部	《关于做好2019年中央财政普惠金融发展专项资金管理工作的通知》	自2018年11月16日起,中央财政创业担保贷款贴息的个人创业担保贷款,最高贷款额度由10万元提高至15万元;贴息的小微企业创业担保贷款,最高额度由200万元提高至300万元。各地可因地制宜适当放宽创业担保贷款申请条件,由此产生的贴息资金由地方财政承担
2020年8月	人力资源和社会保障部	《国家发展改革委等十五部门关于做好当前农民工就业创业工作的意见》	对符合条件的返乡入乡创业农民工,按规定给予税费减免、创业补贴、创业担保贷款及贴息等创业扶持政策,对其中首次创业且正常经营1年以上的,按规定给予一次性创业补贴,正常经营6个月以上的可先行申领补贴资金的50%

自2015年起,政府政策将小额担保贷款调整为创业担保贷款,将不同群体的额度进行了统一调整,个人发放的创业担保贷款在规定的百分比之内的,由财政给予贴息。

2016年政府对小微企业当年新招用的符合创业担保贷款申请条件的人

员数量和签订劳动合同年数达到要求的,由经办金融机构来确定创业担保贷款额度,并由财政部门按相关规定贴息。此外,政策对创业担保贴息补贴方法做出了规定,尤其对于对贫困地区符合条件的个人创业担保贷款,财政部门给予了全额贴息。

2018年政府加大了创业担保贷款贴息及奖补政策支持力度。首先,加大稳岗力度;其次,加大了对于创业担保贷款贴息和奖补政策的支持力度;此外,扩大了就业见习津贴的范畴。财政部于2019年明确表示要加大创业担保贷款贴息及奖补的政策力度。无论是个人创业担保贷款,还是小微企业创业担保贷款,额度均进行了不同程度的上调,并且各地视情况可以适当放宽创业担保贷款的申请条件。2020年政府针对首次创业且正常经营1年或6个月的创业农民工领取创业补贴的比例进行了规定,强调了税费减免、创业补贴、创业担保贷款及贴息等创业扶持政策的正常实施。

总体来看,中央对于创业担保贷款力度在提升,对符合条件的创业担保贷款给予了一定的贴息和奖补,并且扩大了就业见习津贴范畴。

四、政府和社会资本合作项目以奖代补政策

表3-4　政府和社会资本合作项目以奖代补相关政策

发布时间	政策部门	政策名称	政策解读
2015年12月	财政部	《财政部关于实施政府和社会资本合作项目以奖代补政策的通知》	对中央财政PPP示范项目中的新建项目,财政部将在项目完成采购确定社会资本合作方后,按照项目投资规模给予一定奖励。其中,投资规模3亿元以下的项目奖励300万元,3亿元(含3亿元)至10亿元的项目奖励500万元,10亿元以上(含10亿元)的项目奖励800万元 对符合条件、规范实施的转型为PPP项目的地方融资平台公司存量项目,财政部将在择优评选后,按照项目转型实际化解地方政府存量债务规模的2%给予奖励,奖励资金纳入相关融资平台公司收入统一核算 中央财政PPP示范项目中的存量项目,优先享受奖励资金支持

续表

发布时间	政策部门	政策名称	政策解读
2016年12月	财政部	中央财政拨付2.6亿元PPP项目奖补资金	对符合条件的42个新建示范项目和地方融资平台公司存量转型项目,拨付2.6亿元PPP项目以奖代补资金
2017年11月	财政部	《关于规范政府和社会资本合作(PPP)综合信息平台项目库管理的通知》	要求各地在2018年3月底前完成对不符合规定的PPP项目的集中清理工作,PPP市场迎来了"史上最严"禁令
2019年3月	财政部	《关于做好2019年中央财政普惠金融发展专项资金管理工作的通知》	自2019年起中央财政不再安排政府和社会资本合作(PPP)项目以奖代补资金
2020年12月	财政部	《关于下达2020年度普惠金融发展专项资金预算的通知》	按照《财政部关于加强PPP示范项目跟踪管理的通知》(财金〔2020〕7号)有关要求,向各有关省追回中央财政PPP项目以奖代补资金12400万元,在该次资金结算时一并扣回。各财政厅(局)对2019年试点城市奖励资金使用情况开展全面自查,对同一主体重复享受中央财政融资担保降费奖补资金和财政支持深化民营和小微企业金融服务综合改革试点城市奖励资金的,按规定及时追回中央财政奖补资金

2015年12月,财政部对PPP示范项目中的新建项目按照项目投资规模给予一定奖励,并且对部分PPP项目的地方融资平台公司存量项目择优评选给予一定的奖励。对于中央财政PPP示范项目中的存量项目,将能够优

先享受奖励资金支持。

2016年中央财政对符合条件的42个新建示范项目和地方融资平台公司存量转型项目，拨付2.6亿元PPP项目以奖代补资金。

2017年财政部要求各地在次年的3月底前完成不符合规定的PPP项目的集中清理工作，PPP市场受到了巨大的冲击。

2019年起中央财政将调整资金使用方向，县域金融机构涉农贷款增量奖励政策将不再执行，此外，中央财政不再安排PPP项目以奖代补资金。

自2014年始，政府对PPP项目的财政支持持续了数年，但2018年3月底，随着对不符合规定的PPP项目的集中清理工作逐渐完成，PPP市场终于在经过了4年的火热期后冷却下来，"伪PPP"、违规融资担保、明股实债和跨越地方政府财政能力红线等问题一下子被聚焦。此次清理使得市场的情绪得到了冷静，投资者开始回归理性，各利益方对PPP的态度趋于观望，等待下一步的监管新规出现。而在2019年3月，国家开始调整资金使用方向，不再执行县域金融机构涉农贷款增量奖励政策并且中央财政不再安排PPP项目以奖代补资金。2020年12月，财政部在下达2020年度普惠金融发展专项资金预算时，对中央财政PPP项目以奖代补资金在该次资金结算时一并扣回，并要求各财政厅（局）对2019年试点城市奖励资金使用情况开展全面自查，对同一主体重复享受中央财政融资担保降费奖补资金和财政支持深化民营和小微企业金融服务综合改革试点城市奖励资金的，按规定及时追回中央财政奖补资金。

五、农业保险保费补贴政策

表3-5 农业保险保费补贴相关政策

发布时间	保险品种	保险范围	补贴比例
2008年2月26日（财金〔2008〕26号）	1.种植业保险品种：玉米、水稻、小麦、棉花、油料作物。2.根据国务院有关文件精神确定的其他农作物	种植业保险范围：河北、辽宁、吉林、黑龙江、江苏、浙江、安徽、福建、江西、山东、河南、湖北、湖南、海南、四川、内蒙古、新疆、新疆生产建设兵团和黑龙江农垦总局	对于补贴险种，在补贴地区省级财政部门（以下简称地方财政）补贴25%的保费后，财政部再补贴35%的保费

续表

发布时间	保险品种	保险范围	补贴比例
2008年2月26日（财金〔2008〕27号）	1.养殖业保险品种：能繁母猪、奶牛 2.根据国务院有关文件精神确定的其他养殖品种	养殖业保险范围： 1.中部10省，包括河北、山西、吉林、黑龙江、安徽、江西、河南、湖北、湖南和海南 2.西部12省（区、市），包括内蒙古、广西、重庆、四川、云南、贵州、西藏、陕西、甘肃、青海、宁夏和新疆 3.新疆生产建设兵团以及中央直属垦区	对于补贴险种，在补贴地区（新疆生产建设兵团以及中央直属垦区除外）地方财政部门补贴30%的保费后，财政部再补贴一定比例的保费。具体保费补贴标准为： 1.能繁母猪保险，财政部补贴50%的保费 2.奶牛保险，财政部补贴30%的保费。对于新疆生产建设兵团以及中央直属垦区，财政部为能繁母猪保险补贴80%的保费，为奶牛保险补贴60%的保费
2010年5月31日（财金〔2010〕49号）	种植业补贴品种新增：马铃薯、青稞 养殖业补贴品种新增：牦牛、藏羚羊	新增马铃薯保险补贴地区为四川和内蒙古 新增青稞保险补贴地区为四川、青海、云南、甘肃和西藏 对玉米、水稻、小麦、棉花、油料作物保险补贴地区在原有基础上新增云南、山西、甘肃、广东、青海、宁夏和中国储备粮管理总公司北方公司	补贴比例：河北、吉林、黑龙江、安徽、江西、河南、湖北、湖南、海南、四川、云南、山西、甘肃、青海、内蒙古、新疆、宁夏为40% 辽宁、江苏、浙江、福建、山东、广东为35%；新疆生产建设兵团、黑龙江农垦总局、中国储备粮管理总公司北方公司为65%

续表

发布时间	保险品种	保险范围	补贴比例
2011年7月12日（财金〔2011〕73号）	保险品种没有变化	1.种植业保险：①玉米、水稻、小麦、棉花、油料作物保险。保费补贴地区增加陕西、广西和中国农业发展集团总公司；②马铃薯保险。保费补贴地区增加河北、陕西、宁夏 2.养殖业保险：奶牛保费补贴地区新增中国农业发展集团总公司 3.森林保险：补贴地区增加广东、四川和广西 4.天然橡胶保险：补贴地区增加广东农垦	1.种植业保险：①玉米、水稻、小麦、棉花、油料作物保险，中央财政补贴比例为40%，中国农业发展集团总公司为65%；②马铃薯保险中央财政补贴比例为40% 2.养殖业保险：中央财政奶牛保险保费补贴比例由30%提高至50%，中国农业发展集团总公司中央财政补贴比例为80% 3.森林保险：没有变化 4.天然橡胶保险：中央财政补贴比例为65%
2012年1月20日（财金〔2012〕2号）	在现有的中央财政补贴险种的基础上，将糖料作物纳入中央财政农业保险保费补贴范围	将现有中央财政农业保险保费补贴险种的补贴区域扩大至全国	1.糖料作物保险：按照现行的中央财政种植业保险保费补贴政策执行。在省级财政至少补贴25%的基础上，中央财政对东部地区补贴35%、对中西部地区补贴40%。中央财政对新疆生产建设兵团、中央直属垦区等补贴比例为65% 2.养殖业保险：其中，东部地区的能繁母猪和奶牛保险，在地方财政至少补贴30%的基础上，中央财政补贴40%；育肥猪保险，在地方财政至少补贴10%的基础上，中央财政补贴10%。其他中央财政补贴险种按照现行政策执行 其他不变

续表

发布时间	保险品种	保险范围	补贴比例
2013年2月19日（财金〔2013〕7号）	险种不变	范围不变	中央财政育猪保险保费比例提升,在地方财政至少补贴30%的基础上,中央财政育肥猪保险保费补贴比例由10%提高至中西部地区50%、东部地区40%
2013年7月31日（财金〔2013〕73号）	险种不变	1.养殖业保险:中央财政奶牛保险保费补贴区域增加海南、大连,育肥猪保险保费补贴区域增加福建、河南、广东、广西、新疆、大连,新疆生产建设兵团,中央直属垦区 2.森林保险:中央财政森林保险保费补贴区域增加山西、内蒙古、吉林、甘肃、青海、大连、宁波、青岛,大兴安岭林业集团公司	1.种植业保险:在省级财政至少补贴25%的基础上,中央财政对中西部地区的补贴比例为40%,对东部地区的补贴比例为35%,对新疆生产建设兵团、中央直属垦区、中储粮北方公司、中国农业发展集团有限公司(以下简称中央单位)的补贴比例为65% 2.养殖业保险:对于能繁母猪、奶牛、育肥猪保险,在地方财政至少补贴30%的基础上,中央财政对中西部地区的补贴比例为50%,对东部地区的补贴比例为40%,对中央单位的补贴比例为80% 3.森林保险:一是公益林保险。在地方财政至少补贴40%的基础上,中央财政补贴比例为50%,对大兴安岭林业集团公司的补贴比例为90%。二是商品林保险。在省级财政至少补贴25%的基础上,中央财政补贴比例为30%,对大兴安岭林业集团公司的补贴比例为55% 4.藏区品种保险:在省级财政至少补贴25%的基础上,中央财政补贴比例为40%,对中国农业发展集团有限公司的补贴比例为65%

续表

发布时间	保险品种	保险范围	补贴比例
2016年12月19日（财金〔2016〕123号）	险种不变	全国	种植业:补贴比例不变 养殖业:补贴比例不变 森林:补贴比例不变 藏区品种、天然橡胶:在省级财政至少补贴25%的基础上,中央财政补贴40%;对中央单位,中央财政补贴65%

2008年2月26日,财政部正式提出了中央财政支持补贴农业保险的方案,经历了十多年的发展,我国农业保险保费补贴(以下简称农保补贴)出现了显著的变化。

——在农保补贴品种方面。农保补贴政策提出之初,财政补贴险种包括种植业险种5种,养殖业险种2种,以及根据国务院有关文件精神确定的其他品种。随后,我国农保补贴产品数量不断增大,保险品种不断增多。2010年,种植业新增险种2个,养殖业新增险种2个;2012年,种植业险种新增糖料作物;2018年,中央财政农业保险保费补贴目录新增三大粮食作物制种。截至目前,我国农业保险补贴险种共有15种,其中具体包括种植业险种7种、玉米、水稻、小麦、棉花、马铃薯、油料作物、糖料作物;养殖业险种3种,能繁母猪、奶牛、育肥猪;森林;其他品种险种4种,青稞、牦牛、藏系羊、天然橡胶。①

——在农保补贴区域方面。2008年提出补贴政策,种植业农保补贴区域仅包括17个省和2个中央单位,截至2012年1月12日,种植业农保补贴区域扩大至全国,各地区按意愿开展,只要符合农保补贴政策相关条件,中央财政将按规定给予补贴支持。截至2016年12月19日,对于中央财政补贴目录中包括的养殖业、森林、其他品种等其他农保补贴险种补贴区域也扩大至全国。

——在补贴比例方面。自2008年起,种植业方面,中央财政和地方财政分别补贴35%和25%;养殖业方面,在地方财政补贴30%的基础上,中央财政补贴能繁母猪保险、奶牛保险分别为50%、30%。

---

① 财政部关于印发《中央财政农业保险保险费补贴管理办法》的通知。

2010年,在湖北、河南、云南等17个省(区),中央财政在种植业保险的补贴增长5%,山东、辽宁等6省保持不变,中央单位为65%,其他不变。

2011年,中央财政在种植业农保补贴比例增加到40%;养殖业保险种奶牛保险保费补贴增加20%;天然橡胶保险补贴为65%,其他不变。

2012年,种植业保险方面,对于新增的糖料作物,中央考虑地区财政实力不同,在规定地方财政补贴不少于25%的原则上,对东部、中部、西部补贴分别为35%、40%、40%。对中央单位等补贴比例为65%。养殖业保险方面,不同种类保险作了不同细分,奶牛保险要求地方财政补贴不少于30%,中央补贴40%;育肥猪保险要求地方财政补贴不少于10%,中央补贴10%。其他不变。

2013年,保险比例得到大幅度提升,种植业方面,要求地方财政补贴不少于25%,中央财政对中西部地区和东部地区分别补贴40%、35%;养殖业方面,要求地方财政补贴不少于30%,中央财政对中西部地区和东部地区分别补贴50%、40%;森林保险,针对公益林保险和商品林保险,地方财政补贴不少于40%、25%,中央补贴为50%和30%。其他不变。

2016年,种植业保险,各省补贴比例不变,而对于中央单位,补贴比例下降15%;其他不变。除此之外,中央财政对产粮大县农业保险保费的补贴比例提高7.5%。

自2008年以来,我国农业保险的险种、范围、力度持续扩大,表明了我国对农业保险的重视程度。2019年1月29日,中国人民银行、银保监会、证监会等印发《关于金融服务乡村振兴的指导意见》,明确了乡村振兴金融重点支持领域,加大金融资源向乡村振兴重点领域和薄弱环节的倾斜力度;指出我国将持续提高农业保险的保障水平,科学确定农业保险保费补贴机制,鼓励有条件的地方政府结合财力加大财政补贴力度,拓宽财政补贴险种,合理确定农业经营主体承担的保费水平;探索开展地方特色农产品保险以奖代补政策试点;落实农业保险大灾风险准备金制度,组建中国农业再保险公司,完善农业再保险体系;逐步扩大农业大灾保险、完全成本保险和收入保险试点范围;引导保险机构到农村地区设立基层服务网点,下沉服务重心,实现西藏自治区保险机构地市级全覆盖,其他省份保险机构县级全覆盖。

2019年9月19日,财政部联合农业农村部、银保监会和林草局印发的《关于加快农业保险高质量发展的指导意见》,指出我国还将继续加大对农业保险的财政支持力度,并希望到2022年,基本建成功能完善、运行规范、基础完备,与农业农村现代化发展阶段相适应、与农户风险保障需求相契合、中央与地方分工负责的多层次农业保险体系。稻谷、小麦、玉米三大主粮作物农业保险覆盖率达到70%以上,收入保险成为我国农业保险的重要险种,农业保险深度(保费/第一产业增加值)达到1%,农业保险密度(保费/农业从业人口)达到500元/人。到2030年,农业保险持续提质增效、转型升级,总体发展基本达到国际先进水平,实现补贴有效率,产业、农民、机构多赢的格局。

六、普惠金融税收优惠政策

2004年1月2日,政府为了改善农村地区金融服务水平和质量,财政部联合国家税务总局发布了《关于试点地区农村信用社税收政策的通知》,对部分地区进行所得税税收优惠的试点,并且下调了试点地区内所有农村信用社的营业税率。同年11月,财政部联合国家税务总局又发布了进一步扩大试点地区的有关通知,通知中主要对1月的通知进行补充,同时扩大了试点范围。

随后,2010年,政府为了加快农村地区普惠金融发展,财政部联合国家税务总局发布《关于农村地区有关税收政策的通知》,对金融机构业务中关于农户贷款部分利息收入免营业税,并在计算所得税时仅按贷款总量的90%计算,此政策维持3年,至2013年12月31日;对农村地区金融机构的金融保险业收入按3%征收营业税,此政策维持至2011年11月30日;对保险业中农保收入计算所得税时,仅按总量的90%计算,此政策维持至2013年12月31日。

在之后7年里,财政部、国家税务总局接连出台相关政策文件,为农村地区金融机构普惠金融业务提供税收优惠。具体包括2011年《关于延长农村金融机构营业税政策执行期限的通知》、2014年《关于延续并完善支持农村金融发展有关税收政策的通知》、2017年《关于延续支持农村金融发展有关税收政策的通知》,就税收优惠执行期限、税收政策内容、税收政策执行范围不断做出调整和完善。目前,农村金融发展税收优惠政策包括农户贷款、小额贷款的利息收入免税、减税,农业保险保费收入减税。

2017年6月,财政部联合国家税务总局出台的《关于小额贷款公司有关税收政策的通知》,为鼓励小额贷款公司积极开展普惠业务,对其中农户的小额贷款利息收入免增值税,并在计算所得税时仅按贷款总量的90%计算,对小额贷款公司按年末贷款余额的1%计提的贷款损失准备金准予在企业所得税税前扣除。此政策维持至2019年12月31日。

2017年10月,财政部联合国家税务总局出台的《关于支持小微企业融资有关税收政策的通知》,对金融机构面向普惠受众中的"三农"建设、小微企业等发放的小额贷款获取的收益免增值税,对金融机构与小微企业签订的借款合同免印花税。此政策延续至2019年12月31日。

2018年9月,财政部、国家税务总局出台《关于金融机构小微企业贷款利息收入免征增值税政策的通知》,这一通知是为了进一步完善《关于支持小微企业融资有关税收政策的通知》,通知中给予金融机构了两种免税方式,可以自主选择。此政策延续至2020年12月31日。

2019年1月,财政部、国家税务总局印发《关于实施小微企业普惠性税收减免政策的通知》,规定由各省、自治区、直辖市人民政府根据本地区实际情况以及宏观调控需要确定,对增值税小规模纳税人可以在50%的税额幅度内减征资源税、城市维护建设税、房产税、城镇土地使用税、印花税(不含证券交易印花税)、耕地占用税和教育费附加、地方教育附加。此政策延续至2021年12月31日。

2019年8月,财政部、国家税务总局出台的《关于金融企业涉农贷款和中小企业贷款损失准备金税前扣除有关政策的公告》,进一步细化金融机构中普惠业务的风险分类,主要是涉农和中小企业贷款。根据不同比例计提的贷款损失准备金,在计算应纳税所得额时扣除。此政策延续至2023年12月31日。

2020年4月,财政部、国家税务总局出台的《关于延续实施普惠金融有关税收优惠政策的公告》,表示为进一步支持小微企业、个体工商户和农户的普惠金融服务,明确《财政部 税务总局关于延续支持农村金融发展有关税收政策的通知》(财税〔2017〕44号)、《财政部 税务总局关于小额贷款公司有关税收政策的通知》(财税〔2017〕48号)、《财政部 税务总局关于支持小微企业融资有关税收政策的通知》(财税〔2017〕77号)、《财政部 税务总局关于租入固定资产进项税额抵扣等增值税政策的通知》(财税〔2017〕90号)中规定于2019年12月31日执行到期的税收优惠政策,实施期限延长至2023年12月31日。

2021年3月,国务院出台的《关于落实政府工作报告重点工作分工的意见》提出要落实2021年经济社会发展总体要求和主要预期目标,表明为恢复市场主体元气、增强其活力,需要继续执行制度性减税政策,延长小规模纳税人增值税优惠等部分阶段性政策执行期限,实施新的结构性减税举措,对冲部分政策调整带来的影响。将小规模纳税人增值税起征点从月销售额10万元提高到15万元。对小微企业和个体工商户年应纳税所得额不到100万元的部分,在现行优惠政策基础上,再减半征收所得税。要求各地把减税政策及时落实到位,确保市场主体应享尽享。

自2004年1月2日起,我国对金融机构开展普惠业务的税收支持力度、支持范围、支持时间持续增强。截至目前,我国税收优惠政策惠及农村金融机构的小额贷款;小额贷款公司的农户小额贷款;金融机构的涉农、小微企业、个体工商户贷款。在最近的三年里,我国的税收优惠政策包含的金融机构普惠业务便不断拓展,这表明税收优惠越来越受到我国财政政策的青睐,税收优惠的杠杆作用在普惠金融发展中发展的作用越来越重要。

七、其他间接性的信用增进政策

2015年8月7日,国务院出台的《关于促进融资担保行业加快发展的意见》,提出要加强发展财政支持下的融资担保机构建设,政府利用新设、控股、参股等途径,建设以财政出资为主的政府性融资担保公司,立足于为小微企业和农户提供担保,按照市场竞争原则加强自身能力建设。除此之外,意见还提出要加强再担保体系建设,合理有效分散担保机构风险。

2018年3月28日,李克强在国务院常务会议中提出,国家融资担保基金的建立可以通过中央财政以及联合存在投资意愿的金融机构,可以通过股权投资的方式来促进地方开展融资担保业务。

2018年10月,财政部联合工业和信息化部出台《关于对小微企业融资担保业务实施降费奖补政策的通知》,提出中央财政计划2018年至2020年连续3年,每年出资30亿元用以对融资担保业务开展较好的地方进行奖补。

2019年1月,国务院出台《关于有效发挥政府性融资担保基金作用切实支持小微企业和"三农"发展的指导意见》,意见中提出了政府性融资担保基金四项基本原则,具体包括聚焦支小支农主业、坚持保本微利运行、落实风险分担机制、凝聚担保机构合力。同时,要求财政要强化其对担保的激励作用,从奖补力度、资金补充、风险补偿、扶持政策四个方面进行了指导。

截至2019年9月19日,我国融资担保基金已经与22个省(区、市)以及2个计划单列市的省级融资担保机构进行合作,进行比例再担保业务,促进信贷资金更好地为小微企业和"三农"服务。[1]

2020年7月,国家发改委出台《关于做好2020年降成本重点工作的通知》,提出要充分发挥政府性融资担保作用,推动国家融资担保基金与银行业金融机构开展批量担保贷款合作,实现2020年新增再担保业务规模4000亿元目标。政府性融资担保机构2020年全年对小微企业减半收取融资担保、再担保费,将综合融资担保费率逐步降至1%以下,有条件的地方建立

---

[1] 新华社,http://www.gov.cn/xinwen/2019-09/20/content_5431721.htm。

担保费补贴机制。支持全国农业信贷担保体系降低担保费率,确保政策性承担业务担保费率不超过0.8%,政策性扶贫项目不超过0.5%;进一步提高支小支农业务占比。同在7月,工信部等17部门联合出台《关于健全支持中小企业发展制度的若干意见》,提出要完善中小企业融资担保体系;健全政府性融资担保体系,发挥国家融资担保基金作用,实施小微企业融资担保降费奖补政策,完善风险补偿机制和绩效考核激励机制,引导各级政府性融资担保机构扩大小微企业融资担保业务规模、降低担保费率水平。鼓励银行业金融机构加大与政府性融资担保机构合作,合理确定风险分担比例和担保贷款风险权重,落实金融机构和融资担保机构尽职免责制度,提高小微企业融资可获得性;推动建立统一的动产和权利担保登记公示系统。

2021年3月,国务院出台的《关于落实政府工作报告重点工作分工的意见》,提出要延长小微企业融资担保降费奖补政策,完善贷款风险分担补偿机制,并由财政部牵头,银保监会等按职责分工负责,在6月底前出台相关政策,年内持续推进。

从近五年国家对政策性融资担保的政策变化来看,我国财政开展融资担保支持普惠金融发展的方式开始由政府主导出资为主,向间接支持转移。间接支持方式主要包括财政与金融机构合作、支持地方财政开展担保活动、支持再担保业务等。除此之外,财政更多的资金开始用于奖补开展融资担保业务,在普惠金融领域发展较好的担保机构受到重视。

第二节 财政支持普惠金融发展的成效分析

一、金融服务覆盖进一步提升

普惠金融主要覆盖对象包括两个方面,小微企业和"三农"建设。

(一)小微企业方面

1.普惠小微贷款快速增长,继续实现"量增、价降、面扩"

截至2020年末,普惠小微贷款余额15.1万亿元,同比增长30.3%,增速比上年末高7.2个百分点;全年增加3.52万亿元,同比多增1.43万亿元;支持小微经营主体3228万户,同比增长19.4%,全年增加530万户;2020年新发放贷款金额1000万元以下的小微企业贷款平均利率为5.15%,同比下降0.81个百分点。东部地区普惠小微企业贷款余额较高,浙江、广东、江苏、山东、福建五省普惠小微企业贷款余额占全国普惠小微企业贷款余额的近50%,河南、四川、安徽等省的普惠小微企业贷款余额也相对较高,具体可见图3-1。

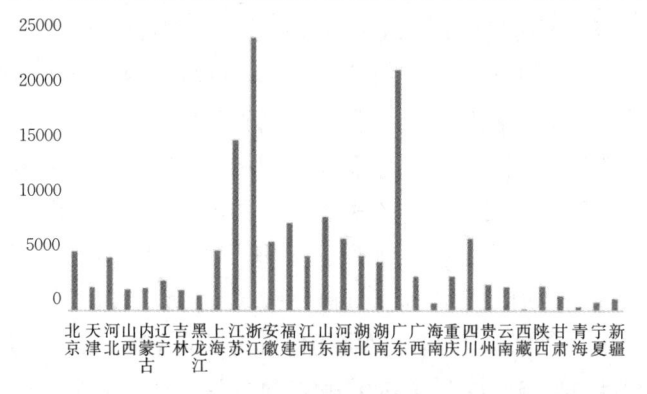

图3-1　31个省(自治区、直辖市)普惠小微贷款余额(亿元)

数据来源:中国普惠金融指标分析报告(2020)。

2020年,人民银行全力支持稳企业、保就业,着力解决小微企业面临的现金流紧张、融资困难等问题,为小微企业稳定和恢复发展营造了良好的货币金融环境。综合运用降准、再贷款再贴现、中期借贷便利、公开市场操作等多种货币政策工具,保持流动性合理充裕,设立3000亿元疫情防控专项再贷款,并追加5000亿元复工复产和1万亿元的普惠性再贷款再贴现额度,为防疫保供重点领域和受疫情冲击较大行业提供支持,其中小微企业得到了重点支持;创设并推动两项直达实体经济的货币政策工具有效落地实施,2020年,全国银行业金融机构共对7.3万亿元贷款本息实施延期,累计发放普惠小微企业信用贷款3.9万亿元;开展商业银行小微企业金融服务能力提升工程,督促商业银行改进对小微企业的资源配置和绩效考核机制;进一步发挥"几家抬"合力,加强政策联动和协调配合,共同推进改善小微企业融资环境。

2.各地区、各机构持续因地制宜破除小微企业融资障碍,全力稳企业保就业

北京市深入开展"访企业问需求——零信贷企业银企对接活动",并依托"北京市银企对接系统"等系统和平台,引导银行主动对接企业,提高了银行走访效率和精准度,实现了政府资源、银行资源与企业需求的有效对接。天津市搭建政银企对接直通车,人民银行天津分行组织中国银联天津分公司和多家银行,在"云闪付"上开发"津e融"在线融资平台,推动提升小微企业融资服务可得性。四川省深入实施"民营小微企业金融服务工作计划"和"个体工商户'金融甘露'行动计划",引导金融机构加大对小微企业的支持力度。多家银行机构及时推出各类"抗疫贷""复工贷""开工贷""人才贷"等金融产品和服务,第一时间响应小微企业抗疫、复工等多方面金融需求。

3.小微金融债发行量持续增加,发行利率呈下降趋势

人民银行会同银保监会积极推动小微企业金融债发行管理工作,全方位促进小微企业金融服务提质增效。2020年,为落实国务院部署,共同优化审核流程,提高审核效率,支持商业银行拓宽小微企业信贷资金来源渠道,指导各发行主体规范内部管理,有效运用募集资金,全年共有40家商业银行发行小微企业金融债合计3733亿元,比2019年增长1685亿元;加权平均利率为2.86%,较2019年降低0.66个百分点。

4.新三板市场发行融资的小微企业和涉农企业融资额较快上涨

2020年,通过新三板市场发行融资的小微企业294家,同比下降3%;融资金额101亿元,同比增长44.1%。通过新三板市场发行融资的涉农企业40家,同比增长37.9%;融资金额20亿元,同比增长129.3%。截至2020年末,通过新三板市场发行融资的小微企业共3669家,累计融资额1416.9亿元;通过新三板市场发行融资的涉农企业共312家,累计融资额238.1亿元。2020年,全面深化新三板改革各项举措落地实施。通过推出向不特定合格投资者公开发行并设立精选层、优化定向发行、实施连续竞价交易、降低投资者门槛、引入公募基金、实施转板上市等改革举措,有效激发了新三板市场活力,市场流动性得到改善。

5.区域性股权市场挂牌融资的小微企业家数明显增加

2020年,通过区域性股权市场挂牌融资的小微企业5836家,同比增长57.5%;融资金额2884亿元,同比增长24.7%。截至2020年末,区域性股权市场挂牌融资的小微企业共3.47万家,累计融资额1.42万亿元。证监会积极推进区域性股权市场创新试点,浙江区域性股权市场制度和业务创新试点顺利启动,并加大对增强资本市场普惠性的创新探索。

6.小微企业通过应收账款融资服务平台获得融资的金额快速增长

2020年,应收账款融资服务平台促成小微企业应收账款融资1.2万亿元,同比增长45.6%。应收账款融资服务平台结合银行快速获客需求,支持其精准推送或公开发布融资产品,破解线下融资信息不对称难题;结合银行线上贸易背景审核和风险防控需求,通过原始贸易数据的直接传输、便捷查询登记信息、回款账户的线上锁定等功能,解决银行最为关切的确权难、风控难等痛点;依托平台实现线上授信、线上审核放贷的一站式融资,提高信贷审核效率和中小微企业融资可得性。

7.市场化征信机构对小微企业的服务成效稳步提升

截至2020年末,人民银行备案企业征信机构131家。市场化征信机构运用大数据、人工智能等技术,通过从政府部门、公用事业单位、互联网公

司、各类协会、上下游供应商等各类渠道和途径,采集小微企业的非信贷替代数据,开发企业信用报告、信用画像、信用评分、反欺诈等产品,实现征信服务向尚未与银行等放贷机构发生借贷关系的小微企业延伸,有效帮助中小微企业获得融资。人民银行建立的"7家征信机构小微企业服务成效监测数据"显示,截至2020年末,7家机构累计帮助234.55万户小微企业获得融资1.41万亿元,获贷率20%;其中信用贷款5914.72亿元,占比42.03%;平均贷款利率6.99%,贷款不良率1.16%。

8.地方征信平台建设进一步提质增效

人民银行针对小微企业经营在地方、融资在地方、信息在地方的特点,指导人民银行分支机构加强与地方政府沟通,因地制宜建设省级或地市地方征信平台,将分散在地方政府部门的工商、税务、进出口、社保、公积金等涉企数据进行归集应用,为金融机构提供信息支持,探索出小微企业征信服务"台州模式"和"苏州模式",解决地方政府掌握的小微企业信息向金融机构开放这一难题,实现小微企业数据的有序流动和应用,达到"让数据跑路、让信息证实、让信用说话"。截至2020年末,全国已建成各类型省级征信平台6家、地市级平台30多家。

江苏省依托小微企业数字征信实验区建设成果,探索开展长三角征信链应用平台试点工作,长三角征信链已建成贯通,基本实现了"数据互联、征信互通、协同互信、监管互动"的总体目标。安徽省深入开展"党建引领信用村选点建设"工作,建立农户"信息、信用、信贷"联动机制,助力更有效解决农户和新型农业经营主体融资难题。青海省开发建设了小微企业信用融资服务中心平台,具有信息归集、融资评价、融资增信、政策支持和融资对接等五大功能,着力增强青海省小微企业金融服务能力,提升小微企业首贷、信用贷可得性。西藏自治区持续优化征信服务,人民银行拉萨中心支行推动个人信用报告自助查询服务实现县域全覆盖,并为自助查询机配置"藏汉"双语服务,上线扫码支付服务功能,有效提高了人民群众征信查询服务的便利性。

(二)"三农"建设方面

在"三农"建设方面,普惠金融以农村金融机构为对象,提供定向补贴,其目的在于引导金融机构主动提升其金融覆盖率和服务质量,消除农村地区基础金融服务空白。在财政支持农村金融机构不断发展前提条件下,我国金融服务覆盖率、普惠范围达到新的顶点。数据显示,截至2020年底,我国不同类别涉农贷款总额达到39万亿元,其中普惠型涉农贷款余额高达7.7万亿元,与去年同期相比增长20%。我国银行网点的乡镇覆盖率超过96%,助农取款服务点村级行政区覆盖率98.2%。除此之外,银行基础金融服务基本实现行政村全覆盖,保险服务基本实现乡镇全覆盖,金融服务"最后一公里"的目标即将达成。

就个人而言,获得金融服务最基础的来源便是银行服务。截至2020年6月,我国人均持有6.18张银行卡,相比于2014年,增长了87.36%;在银行服务物理可得性方面,每10万人拥有ATM机75.20台,增长了74.41%,截至2019年末,每10万人拥有POS机2206.50台,基本实现翻倍。具体见表3-6。

表3-6　我国银行设施覆盖情况

	人均银行卡持有量(张)	每10万人拥有ATM机量(台)	每10万人拥有POS机量(台)
2014年	3.64	44.95	1164.99
2015年	3.99	63.05	1660.17
2016年	4.47	66.84	1774.41
2017年	4.84	69.50	2255.60
2018年	5.46	79.90	2456.60
2019年	6.03	78.40	2206.50
2020年6月	6.18	75.20	

数据来源:《支付体系运行总体情况》。

我国银行基础设施覆盖情况较好,未来财政资金可以更多地用于提升普惠金融业务可得性和服务质量。

截至2020年底,我国银行业金融机构已经增至4593家,其中银行业金融机构网点数为22.67万个。从2014—2020年银行业金融机构发展变化的角度来看,机构数量有所增加,但网点数量并未出现太大改变(如3-7所示)。

表3-7　银行业金融机构数量与网点数量

单位:个

	银行业金融机构合计	银行业金融机构网点合计
2014年	4089	21.71万
2015年	4261	22.40万
2016年	4398	22.80万
2017年	4532	22.87万
2018年	4588	22.86万
2019年	4595	22.80万

续表

	银行业金融机构合计	银行业金融机构网点合计
2020年	4593	22.67万

数据来源:"数说'十三五'发展成就"银行业专题。

表3-8 农村地区各金融机构数量

单位:个

	农村信用社	农村商业银行	农村合作银行	新型农村金融机构和邮政储蓄银行
2014年	1596	665	89	1218
2015年	1373	859	71	1375
2016年	1125	1114	40	1506
2017年	965	1262	33	1625
2018年	812	1427	30	1676
2019年	722	1478	28	1688
2020年	641	1539	27	1692

数据来源:"数说'十三五'发展成就"银行业专题。

"三农"建设是普惠金融重点服务对象,因此,将银行业金融机构中的农村金融机构单独列出,并进行对比分析更能说明普惠金融的发展成果。如表3-8所示,我国农村地区银行业金融机构数量总体呈增加态势,其中,邮储、农商行以及新型农村金融机构数量占据绝对优势,是当前农村银行服务的主力军,是为"三农"建设提供普惠服务的中坚力量。农村信用社由于自身改革问题,出现递减趋势。

在农村地区,2015—2020年间银行网点数量并未出现较大波动,这表明在农村银行网点覆盖方面,加大覆盖率所能得到的边际效用已经不再明显了,若普惠金融希望得到进一步的发展,需要从普惠金融产品服务的可得性和服务质量等角度做出改变。

表3-9 农村地区银行网点数量及其覆盖情况

单位:个

	银行网点	每万人拥有银行网点	县均银行网点	乡均银行网点	村均银行网点
2015年	12.17万	1.31	55.12	3.75	0.22
2016年	12.67万	1.39	57.75	3.98	0.23

续表

	银行网点	每万人拥有银行网点	县均银行网点	乡均银行网点	村均银行网点
2017年	12.61万	1.30	55.99	3.93	0.24
2018年	12.66万	1.31	56.41	3.95	0.24

数据来源：《农村地区支付业务发展总体情况》。

从政府支持的角度看，政府性融资担保机构直保余额超万亿元。截至2020年末，全国政府性融资担保公司数量达1292个，直保余额1.19万亿元。政府性融资担保公司加大对"三农"建设、小微企业的增信担保力度，降低相关融资担保费率，积极助力缓解普惠群体的融资难题。

以调研地区广州为例，在财政支持下该地金融覆盖率显著提升。调研发现，广州市政府将以政策性保险支持"三农"建设作为促进农村金融稳定性的重要手段。一是逐步扩大政策性农房保险覆盖面，截至2019年9月广州政策性农村住房保险承保农户数634173户，承保保费319.38万元，合计为农户合计提供了507.34亿元的住房风险保障，年度保险覆盖率达到99.99%。二是开展政策性小额贷款保证保险创新，对金融机构和贷款人进行风险补偿和保费补贴。至2019年9月底已成功为22家企业获得贷款5701万元，为广州市农业企业、科技企业及小微企业缓解融资难题。2018年，广州市财政局对政策性小额贷款保证保险政策进行修改并经市府同意后正式印发实施，进一步扩大政策支持对象、优化政银保三方风险分担模式，以期更充分调动金融机构参与积极性，切实放大财政杠杆。2019年上半年，财政加大该政策性险种政策宣讲力度，联合增城区发改局、有关金融机构举办了首场政策性小额贷款保证保险政策融资对接会。政策推广效果明显，促成融资对接意向金额超5000万元。

二、激发了金融机构的参与意识和积极性

"建行·新华普惠金融－小微指数"显示（图3-2），总体来看小微企业的融资需求呈上升趋势但不明显。从金融机构角度出发，金融机构的存在明显增加了小微企业的融资机会，金融机构的参与意识逐渐增强，呈上升的趋势。为推动普惠金融助力小微企业，金融机构融资供给价格基本平稳，并保持较低态势。小微企业的融资效率呈波动上升态势，在2019年第一季度达到最高点。由于监管体系的完善，小微企业的融资风险呈下降趋势。

从融资指数的来看，受益于普惠政策，小微企业融资环境逐步变好。数

据显示,近几年来小微企业的融资需求基本持平,但金融机构对小微企业融资的支持力度逐年增强,且融资价格保持平稳,融资风险逐年降低。

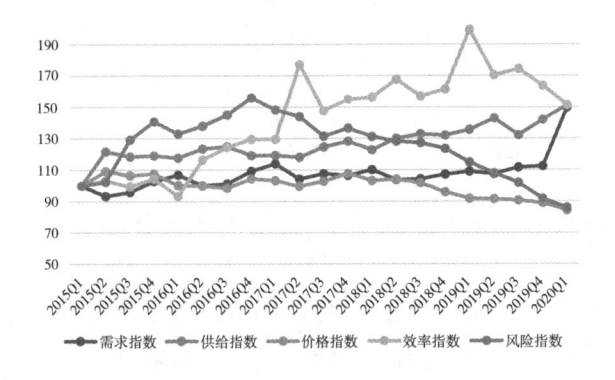

图 3-2　融资指数

数据来源:建行·新华普惠金融—小微指数。

由图 3-3 可知,我国金融机构所提供的普惠金融服务可得性逐年提升,自 2016 年第二季度开始,普惠金融服务质量也日渐优化,这说明金融机构为小微企业提供金融产品、服务数量以及客户满意程度都呈上升趋势,这也说明我国当前普惠金融发展趋势符合服务于人民需求的方向。

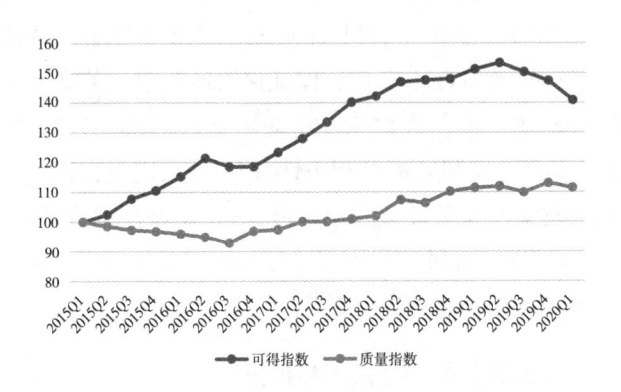

图 3-3　服务指数

数据来源:建行·新华普惠金融—小微指数。

根据普惠金融发展专项资金中的提前下达项目可以发现,2016—2020 年总体是出现下降的趋势。审核拨付资金选项 2016—2020 年也是出现下降趋势,说明普惠金融实际所使用资金呈下降趋势,随着普惠金融发展的成熟进程中,所需要的财政直接补贴在减少,财政资金应当转向鼓励金融机构在普惠金融中进行市场化运作,进行竞争性运营。

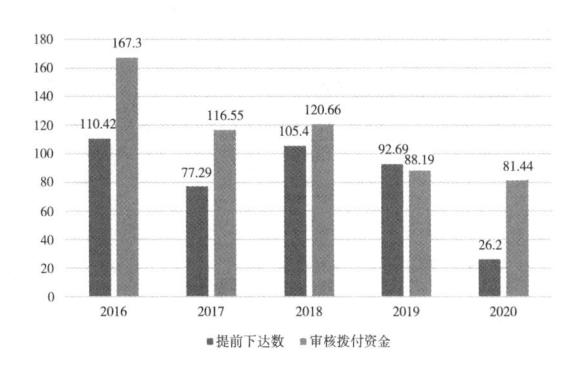

图3-4　普惠金融发展专项资金预算下达情况

数据来源：财政部官网www.mof.gov.cn/index.htm。

截至2020年10月，我国农保已经向1.71亿户次农户提供了3.52亿元的风险保障，支付赔款531.14亿元给3998.18万户次受灾农户；2020年1—10月中国农业保险的保险金额就达到35233亿元。截至2020年6月，我国扶贫小额信贷累计放贷4735.4亿元，累计支持贫困户1137.4万户次，覆盖全国建档立卡贫困户的三分之一以上；扶贫小额信贷余额1675.9亿元，支持贫困户434.7万户。全国334个深度贫困县各项贷款余额2.99万亿元，较2020年初增加3057亿元，累计增长11.75个点，增速较全国贷款增速高3.73%。银行业精准扶贫贷款余额4.21万亿元，较2020年初增加3100多亿元。

在财政支持下，金融机构服务积极性大大提升，具体如图3-5。

图3-5　金融机构贷款余额（单位：万亿元）

数据来源：Wind金融终端。

截至2019年6月末，各类小微企业贷款余额共计35.63万亿元，其中普惠型高达10.7万亿元，相对2014年增长了127.81%，平均5年间保持了25.56%的增长率；全国涉农贷款余额34.24万亿元，其中普惠型农贷款余额

6.1万亿元，相比于2014年增长了45.08%。[①]

如图3-5所示，自2014年起至2019年2季度，小微企业贷款余额与涉农贷款都呈增长的趋势，财政支持的效果得以体现，金融机构加大参与普惠金融力度。小微企业贷款余额的增长速度更加迅速，这说明相对于农民，小微企业的贷款意愿更加强烈，因此贷款补贴应更多地向这类群体倾斜。针对农民群体，应当加大对其在金融方面的教育引导，在资金支持方面，可以从农业保险角度予以支持。

三、信息技术与移动互联网携手创建良好普惠环境

数字技术、信息技术与移动互联网的发展推动了数字普惠金融的发展，使得数字普惠金融的服务方式逐渐增加，民众获得金融服务的能力越来越强。信息技术与移动互联网利用大数据等方式，在提高效率和降低成本的同时，还提高了风险管理力度，创造了良好的金融服务环境。例如本次调研的宜昌市，宜昌市政府在支持小微、民营企业，解决融资难融资贵融资慢融资繁的老大难问题上，别出心裁地建立了网上金融服务大厅，搭建了大数据平台，两者相互依托来为支持小微、民营企业，双创，"三农"建设等出力，缓解了信息不对称问题，同时借助网上平台既降低了成本也提高了效率。

除了宜昌市外，广州市在金融科技方面建设也卓有成效。政府运用交易数据、缴税信息等大数据和信息资源，引导金融机构针对不同层次的需求及特点，创新推出"小微快贷""网商贷""云税贷"等快贷产品，可通过手机或网上银行、微信公众号等渠道在3~5分钟内实现自助申请、审批、签约、放款（额度在200万元以内）。切实提升服务质量和效率。并且通过发展供应链金融扩大服务覆盖面。引导银行机构依托核心企业，通过与核心企业信息互联，高效、及时地获取信息流、资金流、物流等数据，基于真实贸易背景及核心企业增信措施，为上下游企业提供融资服务，实现批量授信、批量开发。广州银行与阿里集团合作推出信贷产品"普惠联合贷"，采用"310"融资服务模式（即3分钟申请、1秒钟放款、0人工操作）为阿里集团上下游供应链企业提供具有随借随还特点的信贷支持。

这表明，信息技术与移动互联网携手，优化了普惠金融环境，提高了金融机构尾部风险管理的能力，同时有利于构建大数据信息系统，为普惠金融今后市场化的发展奠定了基础。

小微企业互联网贷款业务持续创新发展。截至2020年末，小微企业互联

[①] 中国人民银行、银保监会联合发布的《2019年中国普惠金融发展报告》。

网流动资金贷款余额达4756亿元。金融机构加强互联网贷款产品和服务创新，依托互联网渠道进一步延伸服务触角，创新完善线上信用贷款、线上供应链金融等多种金融产品和服务，面向首贷户推出专项融资产品和服务，并针对疫情期间小微企业延期还本付息等需求升级完善相关线上服务。同时，金融机构不断丰富和拓展服务场景，更加主动贴近客户提供金融产品和服务，并探索打造线上综合金融服务平台，一站式满足小微企业各类金融服务需求。大型银行线上贷款产品规模快速增长，发挥着"头雁"作用；中小银行线上产品更加下沉，笔均规模相对更小，是服务微型经营主体的主要力量。

以信息技术为载体的电子支付服务，是数字普惠金融提供服务的主要手段。截至2019年末，全国范围内成年人使用电子支付比例占85.37%。截至2019年底，银行业金融机构共处理电子业务3310.19亿笔，金额3779.49万亿元，相比于2015年，分别增长了214.56%和50.80%；处理电子业务中的网上支付业务781.85亿笔，金额2134.84万亿元，相比于2015年，分别增长了114.97%和5.78%；处理电子业务中的移动支付业务1014.31亿笔，金额347.11万亿元，相比于2015年，分别增长了633.04%和220.74%；处理电子业务中的电话支付业务1.76亿笔，金额9.67亿元，相比于2015年，分别下降了40.94%和35.49%；非银行支付机构发生网络支付业务7199.98亿笔，金额249.88万亿元，相比于2015年，分别增长了776.50%和405.01%。通过对比可以发现，银行业机构移动支付业务与非银行支付机构网络支付业务发展最为迅速，几乎每年都呈现翻倍式发展速度。除此之外，根据历年数据发现，银行业机构网上支付业务虽然业务数量占比虽然不如移动支付，但是金额在电子支付业务中占比高达83.72%，表明网上支付在大额转账时仍是民众的首选；而非银行支付机构的网络支付业务却恰恰相反，虽然业务数量巨大，但是金额相对较少，可见人们日常小额支付首选的电子支付方式已经是非银行的网络支付业务。

表3-10 我国银行业与非银行业机构的电子业务数量

单位：亿笔

	电子支付业务	网上支付业务	移动支付业务	电话支付业务	非银行支付机构的网络支付业务
2015	1052.34	363.71	138.37	2.98	821.45
2016	1395.61	461.78	257.10	2.79	1639.02
2017	1525.80	485.78	375.52	1.60	2867.47
2018	1751.92	570.13	605.31	1.58	5306.10

续表

	电子支付业务	网上支付业务	移动支付业务	电话支付业务	非银行支付机构的网络支付业务
2019	3310.19	781.85	1014.31	1.76	7199.98
2020Q3	1685.85	635.65	871.39	1.77	5812.12

数据来源：中国人民银行官网http://www.pbc.gov.cn/。

表3-11 我国银行业与非银行业机构的电子业务金额

单位：万亿元

	电子支付业务	网上支付业务	移动支付业务	电话支付业务	非银行支付机构的网络支付业务
2015	2506.23	2018.20	108.22	14.99	49.48
2016	2494.45	2084.95	157.55	17.06	99.27
2017	2419.20	2075.09	202.93	8.78	143.26
2018	2539.70	2126.30	277.39	7.68	208.70
2019	3779.49	2134.84	347.11	9.67	249.88
2020Q3	1973.11	1580.45	313.72	9.94	210.08

数据来源：中国人民银行官网http://www.pbc.gov.cn/。

2013—2019年，非现金支付业务金额显著提升；非现金支付业务笔数逐年平稳上升，金额在2014—2015年间大幅度跃升。党的十八届三中全会上提出，发展普惠金融作为全面深化改革的重要内容之一。在这样的指导思想下，金融机构扩大了对小微企业以及农户的贷款规模，直接导致非现金支付金额在2014—2015年间大幅增加。

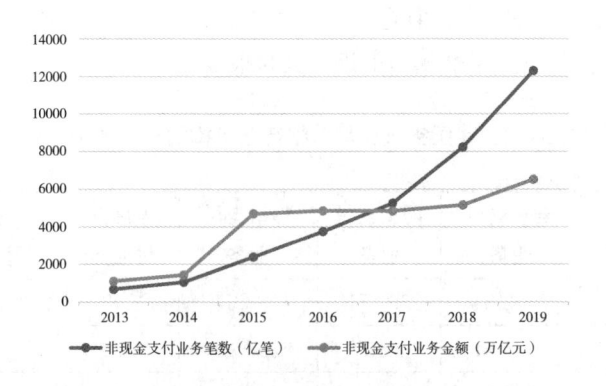

图3-6 非现金支付业务

数据来源：Wind金融终端。

可以看出,全国范围内,普惠金融数字化程度呈逐年上升趋势,但是分区域来看,普惠金融数字化发展水平越高,其指数均值上升趋势逐年放缓。这说明在数字普惠刚发展阶段,数字普惠金融的发展前景广阔,但是发展到一定阶段,如果科技没有突破性进展,继续提升的困难程度增加,其发展遇到瓶颈期。在未来,重点在于发展现代科学技术,利用技术的突破带动数字普惠金融的发展。

全国各地区数字普惠金融指数均值

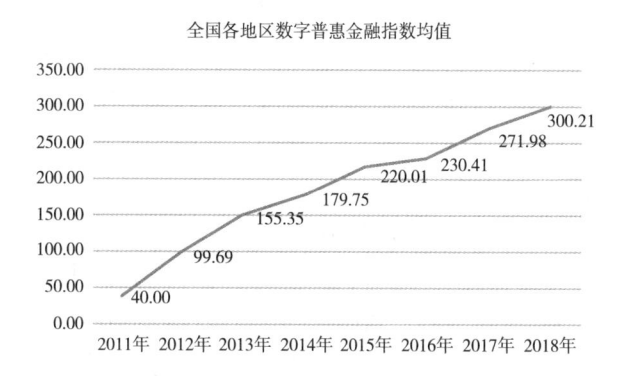

年份	指数均值
2011年	40.00
2012年	99.69
2013年	155.35
2014年	179.75
2015年	220.01
2016年	230.41
2017年	271.98
2018年	300.21

图3-7　全国各地区数字普惠金融指数均值

数据来源:北京大学数字普惠金融指数。

四、财政货币政策协同发展

在财政政策的支持下,普惠金融基础设施建设进一步完善,征信体系、信息信用共享、动产融资登记公示系统和保险基础机制等都在不断完善。因此,从普惠金融领域出发,财政政策与货币政策的结合,将使得资金更高效的运用。

金融机构在财政补贴、货币资金支持的激励下,呈现出一系列金融创新。如工商银行建立的信贷基础管理制度,创造性的打造出"总行＋分行"两级涉农产品创新架构,下级分行拥有产品创新权,可以根据自身特色创新产品,在此基础上形成了以"惠农贷""藏宿贷""致富创业贷"为特色的具有针对性的创新性金融产品。此外,针对小微企业资金周转"短、小、频、急"的特点,农业银行推出小微企业网贷,仅需在微信公众号或企业网银等线上申请,自动评级、授信、审批、提款,易办理,速度快,低成本。

在普惠金融的发展过程中财政资金也起到了巨大的作用。2020年普惠金融发展专项资金提前下达额仅26.2亿元,但普惠型小微企业贷款余额15.3万亿元,普惠型农业贷款余额6.1万亿元,总计贷款余额高达21.4万亿元。例如本次调研的广州市,2015年广州市正式设立财政资金达4亿元的科技信贷风险资金池,专门用于扶持银行对科技型中小企业的贷款支持,如果合作银行所提供的贷款产生损失,直接给予损失本金50%补偿。自2016年初资金池正式运作以来,科技信贷风险补偿资金池备案企业累计超过13130家。截至2020年末,支持合作银行由最初的8家增至23家,共提供贷款授信累计达370.53亿元,累计发放贷款300.99亿元,当年新增放款为150.49亿元,同比上一年增长167.67%,增长速度强劲。其中,资金池中99%的贷款资金支持了民营企业创新发展。73.83%家企业没有通过实物抵押获得信用贷款。疫情期间,各银行开拓了多种创新,开通了科技信贷对接服务,据统计,通过线上及线下双线并行,借助资金池为583家科技型中小企业提供40.92亿元授信支持,超过80家企业享受了便利,通过贷款完成了延期还本付息,总计贷款余额为15688万元。财政的杠杆作用,切实推动了普惠金融的发展。

如今,我国普惠金融发展呈现出覆盖广、重数字化、重产品创新特点,虽然在重点关注领域卓有成效,但是对于当下普惠金融的发展方向财政还是要着重把握。我国普惠金融的发展在一定程度上离不开政府的支持,政府利用财政支持、政策引导等方式减少了金融排斥现象,使得普惠金融在全国范围内得到快速发展。财政奖补虽然是政府当前主要的支持方式,但其不具有可持续性,并且政府的过度参与必然会干扰到市场。我国普惠金融未来发展道路一定是市场化运作、金融机构自主运营、不依赖财政补贴的金融模式,所以政府应该逐渐退出财政直接支持模式,在金融基础设施建设、金融素养教育等方面多加支持。

第三节 普惠金融发展财政支持工具的效力分析

财政支持对市场的发展起到积极作用,从发达国家的发展路径来看,财政支持的积极作用明显,且也是政府调节市场最常见的手段。并且,财政支持工具也是多数国家的改革对象,因为如果对财政支持缺乏控制,也会增加失控的风险,从而对整体经济产生消极影响。

在财政支持普惠金融过程中,我国主要运用的手段便是贴息、减税、奖补等政策工具。那么,这些财政支持工具的具体效力如何,在实施过程中有何利弊,值得深入研究。对未来政府怎样更好地使用财政支持工具,促进普惠金融发展提供依据。

一、财政融资担保工具效力分析

随着金融服务的普及,近几年来融资担保服务飞速发展,一定程度上讲担保业务推动了我国普惠金融的发展。目前,我国大多数融资担保机构盈利水平较低,商业可持续性不足,因此我国融资担保业发展还未满足政策要求。

融资担保帮助提高贷款可得性、降低风险。第一,帮助解决普惠受众融资难的问题。受限于自身资产问题,小微企业、农户在面对金融机构进行贷款融资时,通常缺乏抵押物作为担保,融资担保的存在可以替代债权人抵押物,帮助小微企业、农户获取贷款融资。第二,融资担保为提升了小微企业活力。融资担保的出现,大大提升了小微企业信用水平,小微企业在融资担保的支持下,市场活力得到激发。第三,融资担保能够降低风险,中小企业经营风险导致资金偿还风险加大,如果没有融资担保,一旦中小企业不能及时偿还资金,将不可避免的带来风险。融资担保的存在可以增强资金赔付效率,降低融资风险。第四,在把握中小微企业信息方面融资性担保公司具有优势。融资性担保公司为了更加清晰地对信息进行把握,需要利用自身在经营模式以及内在运行方式上的优势。

目前,我国融资担保主要存在以下几方面问题。第一,融资担保行业存在破产风险。例如四川省,仅仅几年时间就出现了12家担保公司因不合格而被注销,还有需要整改的公司23家。第二,受风控能力的制约,现有融资担保业务尚不能达到预期水平。例如按照政策导向,希望融资担保业杠杆至少达到10倍倍率,2018年全行业平均融资担保杠杆倍率不到2倍。第三,融资担保机构服务对象单一,其主要服务对象多为小微企业,农户、城镇个体工商户等融资担保服务较少。第四,民营融资担保机构发展面临困境。民营融资担保机构缺乏资金和人才两方面的支撑。第五,财政支持担保后续力量不足,政府财政资金在筹建之初投入较多,后续资金投入在减少,仅依靠担保公司自身难以维持可持续化运作,需要借力其他机构或社会资金的支持。

我国财政支持融资担保业务的方式包括小额担保贷款贴息、补充小额贷款基金、财政出资设立或参股融资担保机构等。实际上,仅依靠担保工具并不足以充分保证融资需求。第一,从支出角度看,关于小额担保贷款贴息和补充小额贷款的基金数量相对较少,再划分到各融资担保机构,资金金额就更显得不足。第二,从税收减免角度看,税收减免仅针对国家税务总局规定范围的项目,覆盖度不够。第三,财政资金入股融资担保机构,会造成政府隐性担保问题,随之而来的是逆向选择和道德风险问题,例如一旦金融机构或者融资担保机构认为资金回收有财政支持的兜底,在手续上会降低对企业融资资质的审查,暴露出放松风险管理的风险。

因此对于财政支持融资担保方式,要注意几点。第一,财政支持的目的是要促进市场化竞争,要有计划、有限度的进行财政支持,例如规定小额担保贷款贴息、补充小额贷款担保基金规模的调整要根据中小企业发展和财政支出水平的变动相来做出改变。第二,设定一个普惠性融资担保指标,衡量担保公司参与普惠性融资担保的程度,对普惠性融资担保参与度高的民营担保公司进行财政奖励,鼓励民营担保公司自发进行普惠性融资担保。第三,中央财政通过发表条例规定等方式来引导地方财政以及社会资本参与担保补贴,提高担保补贴资金的可持续性。第四,合理发挥再担保功能,要积极为符合条件的融资担保业务提供反担保,从而降低银行和担保公司的经营风险,但是不能为了防止资金闲置而降低再担保条件标准。

二、财政奖补工具效力分析

为了扩大金融覆盖范围提高金融机构参与普惠金融的积极性,一般通过实施奖补工具激发,因此财政奖补工具是政府支持普惠金融发展的重要手段。近年来,财政奖补主要包括五个方面,县域金融机构涉农贷款增量奖励、农村金融机构定向费用补贴、农村保险的保费补贴、创业担保贷款奖补和政府和社会资本合作项目奖励。政府通过奖补措施,对金融机构产生直接激励,引导其创新普惠金融产品、提升普惠金融服务质量、增强金融服务产品可得性。因此,金融机构开展普惠业务的成本在一定程度上被弥补,这也降低了金融机构的风险。

经过实践的检验,财政奖补工具是具有一定的优势。第一,直接有效的财政支持方式——奖励和补贴的措施是必不可少的,因为它能够调动金融机构的积极性。金融排斥的群体同时也是普惠金融的惠及对象,而金融机构向该群体提供金融产品服务时,会面临较高的风险,出于营利的目的,金融机构会将该群体排斥在金融服务之外,因此政府的奖补有效地减少了金融机构的成本和风险。第二,奖补工具使用灵活。政府可以灵活调整奖补范围和奖补力度。例如,2019年政府取消了县域金融机构涉农贷款增量以及政府和社会合作项目奖励。第三,奖补工具对调动地方政府积极性也起到了引导作用。奖补资金由最开始的中央政府承担到最后发展为中央和地方政府共同承担。实质上,我国地方政府支持普惠金融的发展是通过中央政府利用奖补工具来引导的,各地政府应该因地制宜,灵活地调控地方财政奖补对象和比例。

但是,财政奖补工具也存在一些不足。第一,奖补措施虽然可以调动金融机构的积极性,但是对部分金融机构的激励不足。以农保补贴为例,补贴的形式单一,缺少对保险机构的激励补贴,也缺少以再保险方式的分担补赔。政府应进一步明确在各领域的奖补对象,激励金融机构创造高效率的金融产品。第二,奖补资金使用效率不高。奖补资金其实是为了满足普惠金融服务对象的资金需求,但是当服务对象获得所需资金后,并不能完全高效的使用。以农业保险保费补贴为例,虽然金融机构根据不同的农户提供了大量具有针对性的优惠保险产品,但是由于农户自身金融素养和金融意识的匮乏,会导致他们无法有效提高参保意识。因此,在政策实施的同时,政府还应该加大对普惠金融服务对象的金融教育,提高财政资金效率。第三,奖补资金到位滞后。通过在湖北宜昌的相关调研,奖补资金先是由中央财政划拨到地方财政,地方财政再奖补给金融机构,这就会存在资金到位滞后的问题,甚至金融机构并不能有效地获得该部分奖补资金,其作用无法充分发挥。因此中央政府应该建立合理的审批机制、监管机制以及反馈机制,使财政资金可以及时到位。

财政奖补促进了我国普惠金融的发展,由于奖补边际效用的递减,财政支持应当更加重视金融基础设施的建设及风险防范机制的完善,使普惠金融的发展更好地服务于实体经济。

三、税收优惠效力分析

税收优惠是我国目前普惠金融发展中较为重要的一种财政支持工具,借助于财政的税收减免政策,对于金融机构来说,在一定程度上提升了金融机构开展普惠业务的积极性。对于小微企业而言,为了鼓励其发展,同样对增值税、养老保险费、事业保险费、各项社会保险费等税费的收取采取优惠,降低了企业的生产成本、节约了人工成本,减少了资金的占用。税收优惠具有的透明性和易行性的特点,大幅度提高了金融机构、小微企业、"三农"群体的获得感。然而,目前的减税政策还需要进行改善。

(1)现行政策缺乏长期性和系统性。目前,关于支持小微企业、"三农"建设等的税收优惠政策大量出台,同时这些政策也在不断调整和完善。然而以通知或补充规定的形式出台是大多数优惠政策所选择的,且多数属于阶段性优惠,缺乏长期性和系统性。长期来看,无论是政策执行者金融机构还是政策享受着小微企业,都需要经过复杂的认定后才可享受税收优惠,然而当取得优惠资格时,可能面临有些政策已经失效的情况。而在系统性问题上,由于以非法定形式存在的税收优惠政策还很多,因此无法得到有效的法律保护,因此无法达到预期的政策效果。

(2)对新型农村金融机构的发展关注较少。随着我国农业的发展,新型农业金融机构数量成爆发性增长趋势,但是由于其规模较小,无法在涉农贷款业务上投入过多的资金,然而目前针对农村金融机构的税收优惠通常只涉及涉农贷款业务,对新型农村金融机构的发展运营扶持较小,无法满足多样性需求。而想要帮助农业得到更好的发展,需要在多种方面增加对农村金融机构的税收优惠,引导更全面且多样化的金融服务。

(3)目前的税收优惠政策缺乏对间接优惠的关注。当前出台的多为直接优惠政策,例如税收减免、降低税率、再投资退税等,而这会导致例如先征后退、申请程序复杂、限制条件多等降低效率的情况发生,税收征管成本也因此增加。然而加速折旧、税收抵免、提取准备金等间接税收优惠政策更加稳定且灵活,且可以丰富税收优惠体系,将选择权力更多地赋予小微企业及金融机构,使其更为适合自己的发展。

(4)小微企业的认定标准较高。理论上这些税收优惠政策降低了小微企业税收的压力,但是小微企业的受益程度却没有达到预期水平的效果。这主要是因为判定条件较高,且判定标准存在偏差。由于门槛过高,使得一些相对规模较小或财务核算能力不足的小微企业难以得到应有的优惠,同时,在认定过程中,税务部门和工商部门的执行方向并不一致,这就可能导致最终的认定结果存在偏差。

减税虽然可以促进金融机构更好地开展普惠金融业务、减少小微企业成长成本,然而应当注意的是,小微企业不应永远依赖于税收优惠,当企业得到了良好了发展,成长为规模较大的公司时,应积极投身市场竞争,履行自身纳税义务,此时不应继续享受税收优惠等普惠服务。同样,当普惠金融发展到一定阶段,金融机构之间形成良好的竞争关系时,政府对金融机构的税收优惠政策也应逐步减弱。

四、财政贴息工具效力分析

对于金融机构开展普惠业务来说,政府财政贴息是一种有效手段。政府如果积极合理运用财政政策,可以起到很好的作用,其功效主要体现在投资放大、提升投资效率等方面。第一,财政贴息可以带动金融机构信贷投放,当社会闲散资金充足时,投资者与金融机构的投资意愿是可以依靠政府通过财政贴息来调动的,增加投资需求。第二,想要将商业银行等金融机构纳入体系中,可以通过直接贴息来实现,将部分选择权留给银行,这不仅帮助政府减轻压力,还可以减少腐败问题的出现。政府如果直接补贴,容易产生寻租行为,进而滋生腐败。第三,政府的贴息政策可以在引入金融机构的同时提高投资效率。因为商业银行在贴息过程中承担了许多风险,这使得商业银行会在选择过程中充分进行辨别,因此,投资风险会降低,资金会尽可能运用于那些高效益低风险的项目。

例如,从历年政策来看,创业担保贷款贴息的政策促进了很多个体的创业,不少就业问题、失业保险问题等都得到了解决。经过分析,这是由于创业担保贷款贴息在奖惩方面以及资金来源方面等还存在诸多的不足。对其优缺点进行剖析,其优点主要体现在以下几个方面:首先,创业担保贷款贴息促进了就业市场的发展、维护了市场的稳定。从历年数据来看,创业担保贷款贴息对于个体和企业的优惠比例不同,从中央财政到地方财政,对符合条件的对象进行了较高比例的优惠,甚至是连年的贴息。这也在很大程度上也促进了创业,使创业市场也迸发出活力,许多创业者开始敢于创业、乐于创业。其次,创业担保贷款贴息能够支撑创业载体的建设,加快群体创业孵化载体的构建。它能够为创业者提供更低成本的场地支持、政策扶持以及指导。此外,创业担保贷款贴息可以为供给侧改革助力。创业担保贷款贴息本质上是解决创业就业的问题,创业的问题得到很大程度的改善,因此大量高新兴企业的出现也为当地经济的发展贡献了全新的血液。

当然,在贴息的过程中,难以避免会出现一些问题,这些问题也是影响贴息效果的因素。第一,政府采取全额直补贷款贴息的方式,改变了贷款户先交后补的习惯,贷款农户会将财政贴息的贷款与扶持资金混淆,产生了不用归还的错误念头,降低了还款意愿,增加违约可能性,潜伏着道德风险。第二,对于一些偏远地区或是贫困地区的地方财政来说,所能筹备的担保资金可谓是杯水车薪,那么所能提供的贴息就会相对比较少,这样的话,并不能覆盖到农村所有的服务对象,从而并不能完全发挥财政贴息的优势。第三,当前很多财政贴息难以区分优劣,对于各类企业贴息不能很好地进行甄别,很多人拿到贷款之后并不能做到用之所用,造成了资源的浪费。许多应该得到更多贴息的企业却没有被识别出来,相反一些贴息多年依旧没有发展进步的企业却持续耗用政府的贴息,广大农村劳动人民对于创业的热忱往往因此而大打折扣。

五、普惠金融财政支持工具效力总结

综上可得,财政融资担保工具在发展过程中,促进担保机构市场化、以市场化竞争优胜劣汰是下一阶段我国政府应该关注的重点,避免财政注资担保机构而产生的政府隐性担保问题。

财政奖补工具实施到现在,开始逐渐出现奖补边际效应递减的趋势,此

时我国财政支持应该向其他方面转移。除此之外,在仍需要财政奖补的方面,奖补政策也应该做出些许调整。如农业保险保费补贴方面,奖补资金主要用于保证农民的收入,缺乏对保险机构的奖补激励,保险服务产品可得性增长缓慢,财政在对农业保险进行补贴时也应该惠及保险机构。而且,在创业担保贷款奖补中,为保证奖补资金得到有效使用,应建立奖补资金审查机构,保证小微企业合理使用贷款,对于滥贷滥用的小微企业应进行惩罚处理。对于小微企业来说,当其发展到适当规模时,补贴资金应该动态退出,避免奖补资金的无效使用。

税收优惠政策作为普惠金融的发展手段可以持续对金融机构产生激励,金融机构开展普惠业务规模越大,享受的税收优惠越多,可以有效提高普惠金融产品服务可得性。对于普惠受众而言,税收优惠主要惠及小微企业,小微企业的成长成本借助税收优惠被大幅度降低,小微企业得到发展。然而企业不应永远依赖于税收优惠,当企业借助税收优惠过渡完前期成长阶段,发展到一定规模后,应积极投身市场竞争,履行自身纳税义务。

普惠金融发展前期,财政贴息是重要手段及工具。类似于财政奖补政策,财政贴息这种直接投资的方式事实上也出现边际效应递减现象,政府的财政投资应该向重点方面偏移。

具体而言,从财政服务对象的角度看,奖补、减税主要针对的是金融机构,而贴息和担保不仅针对的是金融机构,还针对具有普惠金融服务需求的群众,贴息和担保不仅激发了金融机构提升普惠金融服务积极性,同时还可以降低普惠金融在服务需求群众时的成本问题。

从可持续性的角度看,奖补和贴息都是财政直接资助的手段,无法获取回报,不存在可持续性,反而会对政府财政造成压力。财政担保由于会收取担保费,因此一定程度上可以实现可持续化发展。减税主要是从财政收入角度进行调节,减税本身会降低财政收入,但是减税同时也促进了金融机构的业务量,又会造成财政收入增加,因此相较于奖补和贴息,更具备可持续性。

从市场化推动角度看,虽然财政贴息、奖补、担保有很好的引导推动作用,但是它们三者的财政支持可能扭曲金融机构在承担普惠金融风险时的表现,因为存在财政支持的保底,金融机构的风险容忍度可能与实际存在偏差,不利于市场化发展。而减税是基于普惠金融业务取得了利润的基础上,进行的财政优惠,因此金融机构并不能够忽视风险的存在,是一种适应市场机制运行方式的财政支持行为。

从财政支持政策作用时效上看,财政奖补和贴息在初期作用明显,可以给金融机构以直接激励,提高金融机构进行普惠金融服务的热情。而减税只有在金融机构普惠金融业务体量逐渐增加的前提下,效果才会越来越明显,后期才会推动金融机构进行普惠金融发展。财政担保为普惠金融搭建服务平台,为金融机构进行风险分担,为普惠群众搭建信用系统、降低金融服务成本,是一个积累的过程,厚积薄发。在后期我们发现,信用系统完善后金融机构会开始自主开展普惠业务,财政贴息、奖补的作用不再明显,可以逐渐退出。

第四节　支持普惠金融发展的政府边界的厘定

综上分析,我们可以看到政府颁布的财政政策在支持普惠金融中所做出的贡献,同时也可以看到逐年变化的政府政策在普惠金融发展中产生的推动效果。下一步政府如何合理制定并有效实施财政政策支持普惠金融,我们根据历年财政政策变化以及对普惠金融影响过程来厘定一个政府边界,提供以下参考性意见。

一、横向边界

横向边界是指,在确保市场可以有效发挥主导作用的前提下,政府参与普惠金融时厘定政府支持普惠金融并有效发挥其引导作用的范围。

(1)政府在制定财政政策支持普惠金融时应该着眼于整体。金融机构因其自身的逐利性,会表现出明显的金融排斥,这是不利于做到普惠的,因此为了真正做到普惠,就必须获得财政支持。对于一些农村地区尤其是贫困偏远地区,由于自然条件恶劣、教育水平低下等因素导致人们信用意识缺失,以至于金融机构提供金融服务动机不强。对于此类地区的金融服务空白就需要靠政府资金大力支持。对于小微企业的贷款,由于小微企业信用较低且承担的经营风险较大,因此该类贷款的成本和不确定性较大,而金融机构出于安全性考虑,会缺乏为其提供金融服务的动机,也导致必要的政府财政支持。政府实施财政政策来支持普惠金融的发展,在提高金融覆盖率的基础上,保障弱势群体基础金融服务的可得性和适用性。另外,需要强调的是财政支持普惠金融政策与其他财政政策是不同的,政府参与普惠金融不是单方的资金流动,而是一种"有借有还"的资金融通,其参与的目的是为了弥补市场失灵,充分发挥配置资源的引导作用。

(2)以政府财政支持的普惠金融发展,重点应该放在金融基础设施的建设上。要实现金融的普惠性,建设完备的金融服务体系基础设施是不可或缺的。只有建立健全了金融基础设施,金融机构才能进行普惠金融精准服务。而基础设施的自身特性决定了财政支持的必要性。为了使市场可以有效地、充分地配置资源,政府需要利用财政工具来为其提供前提保障。通过政府的财政支持,建立健全具有统一标准的信用评级体系、信息统计系统和交易系统等金融基础设施,减少金融机构暴露的风险,并从根本上降低普惠业务的成本,最大限度提升金融机构向弱势群体提供金融服务的积极性,推动普惠金融可持续发展。

二、纵向边界

在明晰政府和市场边界后,对于不同级别政府——中央政府和地方政府的职责分工也需要被明确界定。

(1)界定中央政府和地方政府参与普惠金融的职能范围。中央政府需要聚焦全国普惠金融的发展,地方政府根据中央政府政策的指引,在中央政府的带领下有针对性地开展当地的普惠金融,实现地方性的精准普惠。中央政府综合运用贷款贴息、费用补贴等方式,引导地方各级人民政府合理规划地方财政支持普惠金融发展,弥补市场缺陷。由于中央政府的财政支持是有限的,且中央财政对金融机构的奖励资金有时会失效,即金融机构不能切实获得奖励性措施的激励,因此地方普惠金融离不开地方政府的支持。地方政府也可以根据当地金融业务发展的需要,合理地安排和使用中央财政下达的财政资金预算。相应地,地方政府结合中央政策指示和地方自身发展的特点,采取针对性地划拨地方财政资金,同时当地金融服务的可得性以及服务质量有所提高。普惠金融专项资金使用中仅PPP项目的以奖代补资金是中央财政由专项资金安排,其他方面的奖补资金均是由中央和地方财政共同分担,且两者的分担比例视情况不同。此外,针对不同情况,对于金融业务的财政补奖比例,也可以由地方政府结合自身实情进行灵活性适当调整,扩大财政支持范围以填补中央财政没有涉及的领域。

(2)界定中央政府和地方政府在基础设施建设上的任务和职责。建设金融基础设施的发展计划必须由中央政府统一制定,各地不能自行其是。由中央负责全国性的金融基础设施建设,与地区相关的金融基础设施建设由地方来承担。在地区金融发展不平衡的背景下,地区性的金融基础设施应当由地方政府根据当地金融发展的特点来建设,这样才能使我国金融基础设施建设体系更加完善。

三、动态边界

在普惠金融的发展过程中,根据横向边界和纵向边界的分析,明确了政府、市场、中央及地方的职责边界。由于经济社会不断发展,市场机制不断健全,金融覆盖范围在扩大,主要矛盾也会随着社会时期的不同发生变化,这都会影响政府的作用和财政政策的关注对象。而且随着各项政策的实施,各领域的部分金融需求得到满足,政策实施的边际效用递减,因此我国要适时调整普惠政策。

近几年,我国财政对普惠金融的扶持主要体现在以下几方面:农村金融机构定向费用补贴政策、县域金融机构涉农贷款增量奖励政策、创业担保贷款贴息及奖补政策、农村保险保费补贴政策以及政府和社会资本合作项目以奖代补政策,而这些普惠政策的内容也在不断调整。从涉农贷款增量奖励政策来看,前几年政府聚焦于该领域的奖励,鼓励县域金融机构增加农业领域的贷款,然而,在坚持了数年的奖励政策后,政府开始将方向转移到小微企业和民营企业的融资问题,自2019年起我国取消了县域金融机构涉农贷款增量奖励政策。从定向费用补贴政策角度来看,为了提升农村金融覆盖率和服务的质量,农村金融机构费用的补贴范围也在我国的财政支持下不断扩大,提高补贴比例,对金融机构的要求也在逐步细化。另外,创业担保贷款的贴息及奖补政策、农村保险保费政策等这几年也发生了变化,例如PPP项目从最开始的政府支持、扩大范围、扩大比例到近两年的冷却、停止奖励,这说明普惠的政策要因地制宜,将资金鼓励、补贴和税收优惠等用在最合适的地方,把普惠做得更精准。相应地,这也体现了我国财政以奖补方式来促进普惠金融发展的手段将逐渐从市场消失,将来会更注重金融基础体系和基础设施的建立健全,让金融机构从根源上降风险和减成本。

政府在明晰自身定位的基础上,要因时因地审慎参与普惠金融,明确不同发展阶段的目标,不断调整普惠金融的重点服务对象、财政支持的具体实施措施和财政资金的流向,帮助真正需要扶持的群体获得资金,正确把控好与市场之间的关系,引导市场资源的合理配置。单纯的奖补政策的边际效用是递减的,政府在未来应更关注农村保险保费补贴和金融基础设施的建设。当然,政府还要合理地把握调控力度和干预界限,坚持金融普及与风险防范并举,保持经济平稳运行。

第四章　新时代普惠金融可持续发展路径分析

中央财经委员会第十次会议提出了共同富裕的基本目标、基本路径、工作着力点等内容，形成了完整的体系架构。会议强调，共同富裕既不是少数人的富裕，也不是整齐划一的"平均主义"，而是全体中国人民分阶段实现物质生活和精神生活的共同富裕，这是关于我国经济社会发展的顶层设计和长远战略。普惠金融作为金融领域主力军，必须把握先机、主动作为，坚持问题导向，担当金融服务实体经济排头兵，贡献实现共同富裕的金融力量，在金融高质量发展中促进共同富裕。

在党中央、国务院的领导下，各部门、政府、市场机构和广大群众同心协力、砥砺前行，我国普惠金融发展取得巨大成就。然而，普惠金融的发展仍然存在不少问题，发展不均衡不充分的问题仍然突出，农村金融仍是薄弱环节，直接融资市场相对滞后，城乡发展差距仍然较大，金融基础设施仍待完善等。随着我国全面建成小康社会，开启建设社会主义现代化国家新征程，我国要将实现促进全体人民共同富裕的目标摆在更重要的位置，这个目标的实现需要普惠金融的助力。但是，我国要想金融力量真正发挥作用，必须以人民为中心，坚持可持续发展理念，守住不发生系统性金融风险的底线，推进普惠金融高质量发展。

新时代背景下，随着中国社会主要矛盾发生变化，坚持以人民为中心的发展思想对我国普惠金融提出了更高质量发展的新要求。"十四五"规划和2035年远景目标纲要提出要"健全具有高度适应性、竞争力、普惠性的现代金融体系……增强金融普惠性"，更是明确了我国普惠金融的发展方向。为保证普惠金融能够满足新时代的发展需要，守住第一个百年奋斗目标的胜利果实，为第二个百年奋斗目标的实现提供助力，我们需要找准普惠金融发展的着力点，聚力攻坚、靶向发力，在新时代金融高质量发展中把握先机、赢得主动。

此外，新时代的数字化特征，也为普惠金融发展带来了新的机遇与挑战。随着数字技术的进一步发展，各项数字技术正在逐渐落地，信息技术与金融的联系愈发紧密,普惠金融发展也出现了数字普惠新方向。与数字技术结合的普惠金融,有效地降低了交易成本,拓展了金融服务的供给范围,提高了普惠金融风险识别能力等。然而,数字技术助推普惠金融快速发展的同时,内在风险也在逐渐显露,为防止普惠金融出现类似科技金融的野蛮增长,需对新时代普惠金融风险的新特征进行研究,提前做好防控,防止风险爆发与蔓延。

第一节　新时代背景下普惠金融的特点

2017年,十九大报告根据中国发展的实际情况和现实国情以及时代变迁的客观性,做出了中国特色社会主义进入了新时代的正确判断。中国的发展已经到了一个阶段性的转折点,同时,社会治理和人民群众的全新面貌也是新时代的重要标识。

新时代经济高质量发展需要建立在解决经济发展不平衡、不充分问题的基础上,这就需要贯彻落实供给侧结构性改革,增强供给和需求的相适应性。金融行业是现代经济发展的核心和资源配置的重要枢纽,在供给侧改革过程起到引领和推动作用。目前我国社会资金规模较之前有显著提升,但是缺少有效的资金引导机制,导致产生"大企业融资容易,中小企业融资难"的局面。由于资金分配有限,大企业以其规模在融资市场中占据优势地位,中小企业融资难融资贵的现象时有发生,因此金融资源配置需进一步优化。在现阶段,金融市场中资金流向需要得到高度重视。金融结构日益丰富和复杂,但是资金并没有完全满足小微企业、涉农等社会薄弱环节的需求,因此金融领域需要更大的包容性。

2016年,普惠金融进入新时代。政府支持普惠金融发展的目的:一是为了支持实体经济,二是为了防范系统性风险。目前我国普惠金融发展已经取得了阶段性的成效,普惠金融理念日渐深入人心,基础设施建设、服务范围、质量和可得性不断提高,金融基础设施建设和外部环境也不断改善,相关法律法规体系逐渐健全,财政政策不断优化。

在两个百年奋斗目标的历史交汇点上,我们要把促进共同富裕作为金融工作的出发点。普惠金融作为重要抓手,能够实现对小微企业、"三农"建设、绿色发展等重点领域和薄弱领域的支持。最关键的是,发展普惠金融能够促进农村振兴,加强农村金融基础设施和金融服务体系建设,促进农民农村共同富裕。目前我国普惠金融的发展已经取得了阶段性的成效,普惠金融的理念日渐深入人心,多元化金融机构体系不断完善,金融服务的覆盖范围、质量和可得性均得到了显著提高,金融基础设施建设和外部环境也不断改善,相关法律法规体系逐渐健全,财政政策不断优化。

现阶段是普惠金融发展的关键期,政府与市场应着力建设与共同富裕相适应的普惠金融体系,继续提升贫困人民群体的金融服务可获得感。新时代普惠金融的发展需要明确政府定位、完善普惠金融基础设施、构建普惠金融服务机制,进一步提高金融服务的包容性、广泛性和可得性以及定价的合理性。为了更好地发挥微型金融的潜力、满足所有人对金融服务的需求,新时代普惠金融应具有以下几个特点。

1. 金融权利的公平性

目前,我国资金供求双方存在着信息不对称,金融市场中资金的供需存在缺口和排斥现象。金融机构向弱势群体提供金融产品和服务时面临较高的风险却享有较低的收益,因此弱势群体难以获得金融方面的支持。为满足自身的资金需求,弱势群体只能从社会其他非正规的金融途径获取资金。在新时代的普惠金融体系中,每个人应公平享有金融机构提供的各类金融产品和服务的权利,共享金融发展的成果。

2. 金融服务的包容性

在普惠金融中,服务的对象包括所有的居民和企业,尤其被传统金融市场排除在外的群体。这类群体在现有的金融体系中无法获取充足资金来满足自身发展需求,迫切地需要普惠金融机构的服务。虽然该类群体是普惠金融服务的重点对象,但是普惠金融的服务对象并不局限于这类群体,其宗旨是服务于所有的法人和个人。因此,新时代普惠金融提供的金融服务具有包容性。

3. 服务对象的灵活性

根据定义,普惠金融主要服务于被传统金融机构忽略的群体。金融机构若向该类群体提供金融服务和金融产品,面临的风险较大、成本也较高,而且无法获得令其满意的收益。从目前我国金融领域的发展情况来看,该类群体主要是农民、中小企业以及城镇低收入群体,但是随着利率市场化的改革、金融体系和制度的完善以及金融产品和服务的丰富,金融机构面临的风险、成本和收益也会随之改变,同时随着我国金融管制的放开、金融供求均衡程度的变化以及财政支持的投入,传统金融惠顾的群体以及忽略的群体就会发生变化,因此普惠金融的服务对象是可变的。正因如此,政府和金融机构应灵活界定普惠金融的服务对象,适时地结合国情和金融发展的实际情况来不断调整。

4. 金融产品的综合性

在普惠金融发展过程中，金融机构需多层次、多角度满足居民和企业的金融需求。目前我国普惠金融提供的主要金融产品是信贷产品，通过享有信贷服务，特定群体可以获取实现自身发展和经营的资金，但是获得信贷的前提是其必须要具备偿还能力，这遵循了以市场主导地位的发展规则，普惠金融"有借有还"的特性使之与传统的政府扶贫救助相区分。一个理想的普惠金融体系需要全面的金融服务。因此，建立理想的普惠金融体系需要具备良好的金融基础设施和完备的金融系统，目前我国正在不断开拓新型普惠性金融产品，其中包括普惠保险、普惠信托和普惠融资租赁等。

5. 参与主体的广泛性

随着数字普惠金融的发展，传统金融业面临的诸多风险和金融服务成本得到了有效减少和降低，这使更多的居民和企业共享了金融发展的成果。普惠金融的参与主体现在已经不仅仅局限于传统的金融机构，还包括互联网金融。除此之外，互联网的发展也促使传统的金融机构积极地开拓网络服务平台。商业银行、信贷机构、金融投资机构和创新型互联网金融企业的发展对普惠金融的有效实施发挥了重要的作用。随着参与主体的不断丰富，P2P模式、众筹模式、第三方支付等创新型金融模式在普惠金融中都占有了一席之地。

6. 商业发展的可持续性

实现商业可持续发展是新时代我国普惠金融发展的重要目标和探索方向。在理论上，商业可持续发展需要成本和收益可以互相匹配，即金融机构提供普惠金融服务获得的收益与其经营面临的风险和成本是相匹配的，并可以从中获得合理的盈利。商业发展以政府财政支持为发展导向，基于商业运作，发挥市场的主导作用。普惠金融不同于政府扶贫救助，也并非只针对特定的群体，而是通过调动各类金融机构的广泛参与，全方位地服务于所有居民和企业，强调的是资源在整个社会中的合理、充分地配置，最大限度地降低资源供求的非均衡，满足社会各类群体的金融需求。因此在新时代，普惠金融的发展离不开商业可持续性的不断探索。

在新时代，科技和互联网高速发展，我国普惠金融呈现出了新的发展趋势，可以归纳为以下几点：

(1) 金融工具的科技化程度更高。利用Python、Java等软件，借助于机器学习、神经网络等算法，普惠金融正在向科技化发展，有效降低了金融服务的门槛和成本，缓解了金融服务的物理空间和营业时间的限制，这为普惠金融的低效率、高成本和供需缺口等问题提供了解决的新途径。

(2)参与主体责任感更强。普惠金融进入新的历史时期,而参与主体要做负责任的创新,要考虑创新的产品和模式对金融的生态、对经济、对社会是否有负影响。实际上,普惠金融就是要建立在社会责任感的基础上。政府机构不断健全监管机制,促使金融机构尽职履行自身的责任,减少金融排斥问题。

(3)金融服务精准化程度更高。普惠金融主要服务于被传统金融行业忽略和排斥的群体。进入新时代,普惠金融服务对象扩展到农民、小微企业和贫困人群,服务范围也扩展到全面的金融服务领域。随着服务对象和服务范围的扩大,服务的精准化可以使金融供给更有效地与金融需求相适应。

第二节 新时代普惠金融的可持续发展要求

金融领域的可持续发展是指在发挥市场作用的基础上,满足当代人对金融服务和产品的需求同时,又不对后代人的利益造成损害,使金融可以在较长的时间内健康、有效地发展。在金融业,金融机构为逐利而崇尚大资本,这就会使富者凭借其优越的自身条件获得更多的金融资源,穷者获得的金融资源就相对有限。当大部分金融资源被富者掌握和支配时,金融危机将无法避免,经济和社会的可持续性也将受到威胁。金融资源的非平衡配置推动了普惠金融的提出和发展。

普惠金融强调金融服务对象应该是所有居民和企业,尤其是弱势群体。普惠金融将致力于提升金融服务的公平度和覆盖率,满足各类群体对金融服务和产品的需求,从根本上遏制金融非平衡发展,促进金融可持续发展。普惠金融的可持续发展会通过一系列的效应传递,实现经济和社会的可持续发展。通过上述分析,普惠金融的可持续性具有现实意义和发展的必要性。在新时代,普惠金融的可持续发展要求可以从微观、宏观两个方面进行分析。

一、微观层面

在微观层面,普惠金融的可持续发展主要落在金融机构身上,要求金融机构可持续地提供各类金融服务和产品,并提高其服务和产品覆盖率和可得性。

(1)金融机构在三个方面推动了普惠金融的可持续发展,一是下沉市场,尤其是农村地区,提高了金融服务的涵盖率。二是创新产品,对不同的普惠金融服务对象,创新更精准化的产品。三是控制风险,尤其是新时代发展过程中的数字普惠金融风险,有效的风险控制可以提高普惠金融发展效率,减少不必要的损失。

(2)普惠金融的服务对象自身金融素质的提高也是普惠金融可持续发展的必要条件之一。在金融体系中,普惠金融服务对象中的部分群体缺乏一定的金融知识和专业技能,即使金融机构提供了普惠性金融服务和产品,该类群体也不知如何运用,造成资源浪费,故普及金融知识也是微观层面的普惠金融可持续发展的要求之一。除此之外,普惠金融的服务对象也需自觉培养自身的诚信意识,共同构建诚信化社会,减少因失信而造成的损失。

二、宏观层面

在宏观层面,可持续发展要求普惠金融的发展要与经济发展相匹配。在普惠金融的发展过程中,人们往往只注意到了普惠金融对经济产生的积极影响。然而近年来在普惠金融的实践中,普惠金融的发展对经济发展既产生了正向作用,也产生了负向作用。

普惠金融对经济发展产生的负向影响主要表现在两方面,一方面,相配套的制度体系调整和基础设施建设的滞后,导致普惠金融未能实现对经济的正向作用,从而产生了一系列的问题,问题的不断积累对经济产生了负向影响。例如,在推进普惠金融发展的过程中,制度体系调整和基础设施建设的滞后会使其服务对象不能及时获得相应的金融知识和专业技能的培训。最终的结果是,这类群体虽然可以获得资金支持,但是却无法创造相应的价值,导致自身负债累累,降低了经济运行效率。另一方面,对市场运行的过度干预会破坏金融体系的稳定性,从而对经济发展产生了负向影响,这就要求政府要明确自身定位,适度的干预是必要的,也是合理的,但是要把握好干预的度。

研究普惠金融的可持续发展应该重视普惠金融与经济的相互作用,分析普惠金融发展过程中的经济效应,从经济发展的角度调控普惠金融的发展。

根据新时代的新经济思想,金融业的落脚点始终在实体经济,普惠金融作为金融业的一部分,也应以此为使命担当。

第三节 新时代普惠金融可持续发展的着力点

要实现"共同富裕"的奋斗目标,必须坚持以问题导向,精准靶向发力。

当前,我国在"三农"建设、金融素养教育等方面仍存在诸多问题,作为解决问题的重要抓手,发展普惠金融有利于增加社会公平感、获得感,促进全体人民实现共同富裕。高质量发展是我们新时代的要求,普惠金融也需要提供助力,找准着力点,实现普惠金融助推高质量发展,为第二个百年奋斗目标的如期实现贡献更多金融智慧、金融方案和金融力量。

一、找准发展方向

以数字化为方向发展普惠金融。与数字技术相结合的数字普惠金融应运而生,利用数字技术,数字普惠金融能够有效规避传统普惠金融存在的运行成本高、信息不对称、服务模式单一等弊端,为金融服务需求者提供多元化金融服务,为普惠金融发展找准新的方向,实现普惠金融可持续发展。

(1)数字普惠金融能够提升金融服务可获得性。数字普惠金融能够减少信息不对称,降低服务成本,使得普惠金融重点服务对象能够更容易获取金融服务。

(2)数字普惠金融有效减少了供给成本,扩大了金融服务覆盖面。互联网与金融服务的结合改变了客户获取金融服务的方式,减少了金融服务供给方的获客成本;大数据结合人工智能和云计算技术,有效提升了数据搜集、处理的效率,降低了金融机构经营成本,促进了金融服务效率和质量,使得金融能够更好地服务普惠金融重点服务对象,不断提升普惠金融的触达能力。

(3)数字普惠金融可以促进金融的服务质量。通过将互联网、大数据、人工智能等技术与传统金融服务相结合,为客户提供一站式综合服务,实现金融服务的高效、便捷、优质,促进金融服务质量提升。

(4)数字普惠金融有助于实现金融服务的可持续性。数字普惠金融凭借其数字技术优势,利用大数据、人工智能等手段进行风控管理,降低普惠金融服务成本,更好地实现普惠金融的可持续发展。

二、确定重点对象

(1)支撑乡村振兴战略实施。民族要复兴,乡村必振兴,扎实推进乡村振兴是"十四五"规划中的重要工作内容,伴随着产业结构调整、经济增长高质量转型以及乡村振兴战略等,我国农村资金需求也变得多元化,亟须普惠金融手段作为乡村振兴战略实施的支撑力量。而普惠金融要发挥服务乡村振兴的能力,需要寻找精准发力点,在推进新农村建设、实现城乡一体化过程中,提供更具针对性的金融产品和服务。

(2)支持小微、民营企业发展。小微企业和民营企业是我国经济和社会发展的重要力量,也是建设现代化经济体系、推动经济实现高质量发展的重要基础。小微企业和民营企业"融资难、融资贵"问题是我国重点难题,也是不得不解决的问题,巨大的融资缺口,使金融服务相对空白的普惠金融领域,还存在较大的市场等待开发。提升小微企业和民营企业金融服务的可获取度和质量,降低融资成本,丰富服务手段,为中小微企业提供多样化授信、支付结算、资产管理、咨询等综合金融服务,为小微企业市场活力有序地发展提供源源不断的动力。

(3)服务老年人口需求。目前,我国人口老龄化趋势日益明显,2019年末60岁以上人口已经达到2.54亿,65岁以上人口则到了1.76亿,占总人口的比重分别为18.1%、12.6%。老龄化问题给中国经济高质量发展带来了新挑战,但是老年人金融服务的缺口也给金融机构带来了机遇。金融机构应因人制宜,聚焦老年人日常高频金融场景,打造贴合老年人需要的"适老"金融服务。

三、突出关键领域

(1)加强金融素养教育刻不容缓。金融素养一直是困扰普惠金融推行的焦点问题:大量农民群体、贫困人群或不了解种种普惠金融产品的特点、优势和办理渠道,或缺少按时还款、培育信用的意识,或不懂资金支出规划,这在一定程度上降低了金融机构开展普惠业务的积极性;而在金融科技快速发展的当下,金融产品的复杂程度加剧了普惠金融的碎片化、个性化、微型化。因此,全面提高居民的金融素养是推动普惠金融可持续发展必须解决的重大问题。

(2)消费金融满足美好生活。党的十九大以来,我国需求持续增长、消费结构加快升级、市场规模持续扩大,消费成为我国经济增长主引擎。2021年上半年,消费对中国经济增长贡献率达到61.7%。我国消费金融市场存在较大的增长潜能,居民消费支出增速虽然有所放缓,但是仍旧保持均速高位稳定增长。同时,未来一段时间以80后、90后为代表的年轻消费群体将成为银行的核心客户,年轻的消费群体意味着较强的接受能力,他们伴随着互联网成长,乐于借助杠杆消费,在追求品质生活的同时实现财富跨期配置,乐于尝试新型的融资服务模式,这将成为推动我国消费金融创新发展的中坚力量。而金融科技的发展正符合这种趋势,它为金融机构提供多元化、移动化、个性化的消费金融服务奠定了技术基础,当前基于金融科技新兴的场景化已经成了金融机构在消费信贷领域抢占市场的有力手段。

四、明确自身定位

各类金融机构主体应积极响应落实国家关于普惠金融的战略规划,通过创新产品、拓宽渠道、改进服务、弥补短板在践行普惠金融方面进行有益探索,实现普惠金融力度持续提升,促进普惠金融覆盖面稳步扩大。

具体来看,开发性和政策性金融机构应着力发挥政策机构专长,加大对期限相对较长、公益性相对更强的领域和项目的支持力度。大中型商业银行要自上而下搭建普惠金融经营管理体系,积极推动普惠机构向二级分行及以下机构下沉延伸,在风险可控的前提下,下沉业务重心,下放审批权限,更好地服务实体经济。根据监管部门统计,五家大型银行均在总行和一级分行成立了普惠金融事业部,六成以上股份制银行在总行设立了普惠事业部或服务中心,普惠金融专业体系建设初见成效。城商行、农商行、村镇银行等地方性法人金融机构则应立足天然贴近基层的优势,灵活调整策略,创新设计产品,打造优服品牌,倾心服务当地、支农支小、不跨区域,坚持差异化发展,走特色经营之路。

五、坚持核心原则

新时代的普惠金融坚持"政府引导和市场主导"的原则,致力于提高资金的使用效率,解决资金流向的非平衡问题,实现有为政府和有效市场和谐互动的局面。在普惠金融发展过程中,要坚持发挥市场作用和政府作用,利用监管加强、政府扶持、市场规范等方式来为普惠金融营造优质的发展环境。政府关于扶持普惠金融的文件提出了有关中小企业的发展、民营企业的金融服务等问题,在发布政策的同时释放了大量资金来支持这些企业的发展,这充分体现了政府作用。在市场运作方面,首先,各个地区的金融服务机构为实现自身的收益尽力提升金融服务的质量,提供多元化的产品供个体和企业选择。其次,竞争的市场环境提供了一个良好的氛围,这种氛围带动了周边地区发展不充分的普惠金融领域的发展。

六、完善配套机制

(1)用好财税扶持政策。国家为支持金融机构发展普惠金融,出台了扶持政策,拿出了"真金白银"。我国普惠金融已经进入了新的阶段,有了新的特点,原有的各项财政政策的政策效果发生了较大的变化,应该相应做出新的调整。首先,原有的奖励、贴息等政策对金融机构的吸引力呈现下降趋势,部分金融机构的财政奖补所"得"不偿高业务成本、高信用风险之"失",

这一点在农村地区、偏远山区体现得尤为明显。其次,以河南兰考、浙江台州等为代表的部分地区已经探索出了可行的普惠金融发展路径,当地金融机构已经可以完全市场化地开展普惠业务,在没有财政奖补的条件下也能够从中获益。最后,我国政府过去在光伏、新能源动力等领域的产业政策的经验教训仍需重视,不能在普惠金融上再发生高额补贴导致企业重量而轻质、其他行业企业涌入以求骗补套补、退补时企业净利润大幅度下降等现象。

(2)完善征信体系。征信体系建设是降低金融交易成本、推进普惠金融发展、规范金融市场秩序的基础性工程。自2013年《征信业管理条例》出台以来,我国的征信体系建设速度明显加快,金融信息数据库已经成功建立,市场化的征信机构取得了重大突破,但仍面临着覆盖范围不够广、数据信息不够全面等问题。在各地推进普惠金融发展的过程中,一个约束性的难题是农村地区征信体系缺失,大量农户和小微企业没有信用记录,这是金融机构不愿开展普惠性质贷款的重要原因。即使在兰考这样的试验区,也不得不采用先无差别授信、再持续培养信用的方式来绕开这个难题。因此,如今当务之急是建设宽口径、广覆盖的征信体系,完善守信联合激励和失信联合惩戒制度,这同样也是保障金融机构大胆开展普惠业务的基础。

第四节 普惠金融可持续发展中的风险防控问题

习总书记在中央财经委员会第十次会议中强调,金融是现代经济的核心,关系发展和安全,要遵循市场化法治化原则,统筹做好重大金融风险防范化解工作。能否做好普惠金融风险防控,既是普惠金融可持续发展的关键,更是金融更好地服务实体经济的关键。因此,新时代发展普惠金融必须筑牢底线思维,把握好发展普惠金融和防范重大金融风险的平衡,在有效遏制金融风险乱象的同时,促进普惠金融高质量发展。

一、普惠金融发展中存在的风险

(一)传统金融风险

由于普惠金融业务的本质仍是金融服务,因此它具备传统金融业务的风险。包括:

(1)市场波动风险。由于市场产品价格波动造成成本、收益与预期产生偏离,从而给金融机构经营造成损失的风险,如利率风险、汇率风险等。

(2)国家风险。因诸如爆发金融危机、爆发战争、政策或法律发生重大变化等极端原因导致金融行业经营停滞、货币贬值以及金融资产质量恶化等情况给金融机构经营造成损失的风险。

(3)流动性风险。受技术因素、法律因素以及流动性因素的影响,使得提供普惠金融服务的金融机构无法提供足额资金保证日常流动性,给金融机构的经营造成损失的风险。

(4)信用风险。由于普惠金融服务对象的信用问题,信用风险是普惠金融发展中存在的最主要的风险。由于普惠金融服务的对象信息不对称问题突出,缺少有效的征信数据和抵押物,因此不确定性更高,风险控制更难,存在的信用风险也更大。

(二)新时代普惠金融新特征

随着数字普惠金融的应运而生,普惠金融业务也呈现了更多的新特征。数字普惠金融风险是数字化时代金融领域产生的新风险形态,随着互联网技术的发展,金融、网络、科技等风险交叉,数字普惠金融风险更具隐蔽性,传播速度也更快。并且由于数字普惠金融覆盖面的增加,使得数字普惠金融风险涉众更广、危害更大。具体而言,表现如下:

1. 监管风险

数字普惠金融健康发展的前提是有效的监管体系。当前,我国数字普惠金融监管体系存在缺位和错位,因此潜在风险巨大。其一,由于监管缺位存在的风险可能。数字普惠金融时代,借助数字技术提供的金融服务主要通过线上平台展开,然而,不同互联网金融平台之间并不存在信息共享机制。诸多无法获取传统金融服务的客户线上可以同时在不同互联网金融服务平台开展金融业务,然而,该领域相应的监管措施还未建立,平台与用户之间存在信息不对称问题,由此产生潜在的金融风险。其二,由于监管错位存在的风险可能。针对互联网金融平台,并未存在可行的监管模式。现行的金融监管仍然实行分业监管,没有形成统一的混业监管模式,数字普惠金融发展中存在监管错位现象。这种状况极大地制约了数字普惠金融健康有序发展。

2. 客户信息安全风险

信息安全是确保客户使用数字金融服务的关键。由于数字技术对各类信息收集处理能力显著增强,线上化的场景拓展与数据的积累使金融服务惠及更多的群体。但如果大数据的收集、传输和储存中存在安全漏洞,客户的信息可能会被泄露,给客户带来不可估量的损失。

3.数字技术应用风险

数字普惠金融的出现与数字技术密切相关。金融机构要想发展数字普惠金融,需要针对性地克服数字技术面临的技术应用风险,如果不能够向市场证明其数字技术的安全可靠,金融机构无法获取市场的支持。同时,由于新兴技术与数字普惠金融的结合,使得数字普惠金融在技术上存在复杂性和专业性,而数字普惠金融参与人员通常是金融从业人员,难以全面掌握相关知识和技术,对技术的安全性和风险缺乏足够认识,无法对数字技术进行准确应用。

4."数字鸿沟"风险

"数字鸿沟"是指在信息化、数字化、网络化的发展过程中,不同信息主体在拥有和使用数字技术方面存在差距。随着数字普惠金融的覆盖程度越来越高,数字技术平台越来越多地替代物理网点,由于不同主体获取金融服务的能力不同,会产生巨大的"数字鸿沟",由此引发技术性金融排斥。由于"数字鸿沟",技术差距所带来的技术风险进一步扩大,会出现更强的金融不稳定性。

二、新时代普惠金融风险防控中存在的难题

(一)数字技术还未能充分应用于普惠金融场景

对于大中型商业银行而言,通过大数据、云计算、人工智能等手段,探索建立了客户申请、业务审批、办理和风险监测为一体的自动化风险控制流程,但数据来源的全面性、真实性、服务对象推广的主动性、精准性、监测预警模型的及时性、有效性、风险管控的批量化和自动化水平等方面仍有一定提升空间。此外,信息科技人才如何与金融人才有效联合是当前银行发展数字普惠金融面临的重大问题。对于中小银行而言,由于缺少资金、人力、物力支持,在推动数字化转型方面难免力不从心,数字技术有待建设健全。

(二)缺乏整体风险观

在银保监会的要求下,大中型商业银行先后建立了普惠金融事业部,负责普惠金融业务的营销推动和风险管控。但是在普惠业务发展过程中,相关管理体系仍未实现"实质"上的统一,银行内各部门对待普惠金融的态度各有不同,业务拓展、风险管控等方面存在偏好不一致、风险数据未充分共享、风险监测重叠与盲区并存等情况,在保障集团层面业务拓展能力方面需要进一步提升。

(三)监管要求带来的压力

在银保监会就如何进一步推动小微企业金融服务高质量发展的通知

中，明确提出"两增"要求，在确保实现普惠型小微企业贷款全年增长30%以上的同时，对贷款利率进行严格管束。2020年中农工建交五大行普惠型小微企业贷款余额增速均达到54.8%，此类贷款利率仅有4.2%左右。高额的增速要求和较低的利率约束给商业银行带来了巨大的监管压力，不利于商业银行实现普惠金融业务的可持续，同时也难以遵循风控管理模式的要求。

（四）金融素养不足

作为普惠金融发展的新阶段，诸多金融主体对数字普惠金融展现出来的新特性还存在认知空白，缺乏正确的认识，因此在数字普惠金融发展过程中缺少相应的风险意识。主要是因为普惠金融参与主体缺少金融风险理论知识学习，尤其是数字金融风险知识。普惠金融参与主体对于金融风险尤其是数字金融风险理论积累不足，风险意识薄弱，不能正确认识、及时化解风险，影响了数字普惠金融的健康发展。

（五）征信系统不完善

信息不对称问题一直是困扰普惠金融发展的核心问题。一方面，我国各部门之间"信息孤岛"问题仍然存在，虽然我国征信数据收集较为全面，对于不同地区、不同行业间各类数据都有覆盖，但是各部门之间尚未构建相应的信息共享机制，导致了征信资源的割裂；此外，作为竞争手段之一，征信数据有时也会成为市场主体获取利益的手段，难以实现真正的共享。另一方面，我国在部分领域还存在征信空白，尤其是小微企业、农民等普惠金融主要服务对象，由于缺少信用记录，难以对其构建有效的征信体系。征信系统的割裂和空白加大了普惠金融业务的不确定性，容易加剧金融风险。

三、新时代普惠金融风险防控

（一）加快金融基础设施建设与金融素养教育

金融基础设施是普惠金融风险防控的基础条件，普惠金融服务对象较高的金融知识与金融素养是普惠金融健康有序开展的基本前提。

（1）推进金融基础设施建设，提升网络与智能终端的覆盖率与普及率。完善顶层设计与制度安排，政府通过直接投入、产业和科技政策引导，充分调动市场资源，引入社会资本共同推进通信网络基础设施向农村地区延伸，实施提速降费，优化网络质量，提高智能终端设备的普及率。推动5G网络、人工智能、物联网等信息化、数字化基础设施向"三农"建设领域延伸，消除数字鸿沟，赋能数字农业、智慧农业等，为农村金融科技创新奠定基础。

(2)打造数据共享和交易平台。构建数据共享与交易机制,运用市场手段促进数据的流动和使用,完善征信体系和大数据信用环境,降低金融科技应用的软门槛。打通行政部门与市场主体的信息交流通道,鼓励金融机构探索应用大数据技术完善信用体系建设,促进金融机构与大数据征信企业合作,提高数据资源的使用价值。重视区块链等技术在产业链、供应链和流通链上的信用证实作用,开发适合普惠金融服务对象的金融科技新应用。

(3)加强金融教育,提高金融素养。加强金融教育普及,引导普惠对象提高风险认知能力,准确评估金融需求,理性实施金融决策,降低金融服务的"自我排斥"和"工具排斥"。金融机构通过线下渠道延伸,普及金融知识,使普惠金融对象了解金融产品,政府组织和民间教育机构推动常态化金融教育,金融科技企业应因地制宜地开发应用软件进行线上金融教育。

(二)完善征信体系建设

解决信息不对称问题是保证普惠金融健康有序发展的关键。为此,应从两方面着手,完善征信体系建设。一方面,打破"信息孤岛",构建征信数据共享机制。可以在全国层面打造综合化的普惠金融开放平台,实现数据、资源、政策、信息、需求等有效集成,构建独具特色的数字普惠金融生态服务体系,实现零距离的普惠金融服务。参考宜昌发展模式,通过打造的线上"金融超市"式的普惠金融开放平台,为政府、金融机构、企业和个人提供渠道,既可以实现多元化金融产品的供需匹配,又能实现金融、税务、社保、环保、海关、市场监管等信用信息共享。

另一方面,填补征信空白。应建设宽口径、广覆盖的征信体系,完善守信联合激励和失信联合惩戒制度,提升征信覆盖面。此外,应借助数字技术在信息收集和处理方面的优势,构建数字化征信体系,提升征信效率。

(三)借助数字技术,提升风控能力

伴随着数字技术的成熟,金融与数字技术的结合能够丰富金融服务方式,降低风险管理成本,提升信息透明度,完善风险处置手段,建立风险分散机制。借助数字技术,可以为有效防控数字普惠金融风险提供支持。

一方面,注重数字技术创新,大力发展其在提高风险识别方面能力。利用数字技术在信息收集、处理方面的优势,降低信息不对称,减少逆向选择和道德风险,进而提升风险识别和处置能力。另一方面,注重在大数据风控方面的发展。大数据风控是普惠金融数字化转型的关键,其核心是数据,利用大数据技术对所收集整理的信息进行处理分析,最终得出用户信用水平评级。在此基础上,建立相应的风控体系。大数据风控模式提高了风险控制覆盖面,降低了征信成本,提高了金融服务效率,有助于促进普惠金融平稳可持续发展。

(四)完善新时代普惠金融监管模式

普惠金融健康稳定发展需要监管的支持。然而,当前普惠金融与数字技术的结合还缺少相应的监管措施,导致数字普惠金融发展过程中问题频发。为了保证数字普惠金融能够健康稳定的发展,充分发挥金融服务实体经济的作用,必须完善新时代普惠金融监管模式,使其能够规范有序运行。

一方面,制定适用于新时代普惠金融新特性的监管框架。数字普惠金融时代,金融创新的尝试往往会对监管框架带来即时的挑战,政府需要在监管与创新之间寻求平衡。国内外理论与实践的证明,监管沙盒可以作为一种有益的尝试,通过包容性监管的思路,既能够发挥数字普惠金融的创新活力,又能够通过有效监管保证普惠金融稳定运行。

另一方面,实行混业监管。当前,我国现行的金融监管模式为分业监管,不同的监管单位各司其职,但是我国金融业呈现混业经营和综合经营的趋势,这导致了诸多领域存在监管真空,既加大了监管难度,同时也埋下了风险隐患。与数字技术结合的普惠金融综合性更强,同时渗透性也更高,为适应金融机构混业经营的局面,相关监管单位实施混业监管模式,加强部门间的沟通,协同管理数字普惠风险,既能够强化监管深度,也能有效降低监管成本。

(五)缩小"数字鸿沟"

伴随着数字技术的发展,数字普惠金融的覆盖面越来越大,参与主体越来越多。但是,数字普惠金融服务对象主要是弱势群体,他们受限于教育水平不足、收入低以及年龄大等问题,对数字技术的理解不足、数字金融应用水平低、金融风险承担能力差,需要政府与金融部门加以特别关注。为此,对于我国政府部门而言,应该因地制宜地开展财政支持,对金融基础设施薄弱地区有针对地开展资金扶持;对于金融机构而言,应鼓励积极服务数字化程度较低的地区,开展契合薄弱地区的场景化业务;对于个体而言,应将数字素养培训融入家庭教育、学校教育、职业教育中,构建数字化多元培育框架。

第五节 新时代普惠金融可持续发展的路径分析

一、坚持政府引导与市场主导相结合

在普惠金融发展过程中,要坚定市场和政府协同的发展路子,利用监管

加强、政府扶持、市场规范等方式来为普惠金融营造优质的发展环境。为保证各级政府可以在普惠金融发展过程中起到更好的引导作用,近几年,政府先后发布了《关于加强金融服务民营企业的若干意见》《数字乡村发展战略纲要》等相关文件。2018年,李克强提出要进一步解决小微企业融资难、融资贵等问题。为保证普惠金融健康发展,中共中央、国务院和央行等部门相继出台若干政策来引导、规范和支持市场运作。同年,国务院设立了5000亿元国家融资担保基金,并成立管理公司,央行也先后两次降准向小微企业释放6000亿元流动性资金,来为金融机构发展普惠金融保驾护航,促进市场有序运行。

近些年,政府关于扶持普惠金融的文件大部分提出了中小企业的发展、民营企业的金融服务等问题,在发布政策的同时释放了大量资金来支持这些企业的发展,这充分体现了政府引导这一原则。在市场运作方面,首先,各个地区的金融服务机构为实现自身的收益也在尽力提升金融服务的质量,提供多元化的产品供个体和企业选择。其次,竞争的市场环境提供了一个良好的氛围,这种氛围带动了周边地区发展不充分的普惠金融领域的发展。此外,近两年的市场运作也造成了部分资源没有得到合理的运用,部分地区受惠的仍然是那些并不缺乏资金的大企业,小微企业却没有得到真正的支持。

二、加强普惠金融基础设施建设

普惠金融的发展要点是在普和惠二字,其中关键在"普"。服务对象若是缺乏金融服务的群体,金融机构的基础设施必须要广泛覆盖,在覆盖率提升的情况下,普惠金融中"普"才有了实现的基础。2016年银监会发布指导意见提出要推进农村支付环境建设。目前我国乡镇的银行业金融机构和保险服务的覆盖率均已高达95%以上,行政村基础金融服务覆盖率更是达到了99.2%。在金融基础设施覆盖率大幅提升的前提下,有金融服务需求的所有个体和提供金融服务的金融机构才有了获取和提供服务的可能性,才有了进一步精细化运作的可能。同时,政府规定了对银行普惠金融事业部的考核方式,以此提高商业银行进行普惠金融服务的积极性,进而引导金融机构健全服务体系,发展服务能力,为农民、小微企业、缺乏金融服务和金融服务不足的群体创新创造特殊化金融服务,做到精准滴灌。

在政府近两年政策的倾斜下,普惠金融基础设施数量及质量均明显提升,为金融服务的受惠群体创造了一个良好的发展环境。有关的成果主要体现在以下几个方面:第一,建立健全了有关普惠金融的信用信息体系。人民银行不断与各层级进行联系和衔接,加快了多层级小微企业平台的建立,金融服务有关的信用信息数据库得到了持续完善。第二,信息信用共享得以提升。原银监会与国税总局进行了"银税互动",和原工商总局建立了"银商合作"机制。第三,建立了应收账款融资服务平台,完善了动产融资登记公示系统,这些平台和系统的建立完善极大程度上直接促进了小微企业的融资。第四,完善农产品的保险管理制度,开发农业保险产品电子化报备和信息管理系统。第五,建立新型的农业经营主体信息系统,实现经营主体的信息公开化、全面化,向金融服务机构提供优质经营主体的信息。

三、包容审慎监管的金融政策支持

2017年银监会发布通知鼓励金融机构为小微企业进行资产证券化,鼓励银行合规开展小微企业不良资产收益权转让试点。这些充分体现了监管机构对于小微企业金融服务的包容性监管,尤其对于贷款不良率的要求凸显了"包容性"的特征。

2018年国务院常务会议提出以银行开展普惠金融服务的具体情况作为监管政策的重要参考方面,并制定了相应的监管考核办法。虽然在政府的推动下,各项政策已经传达,但是对于落实情况却无法评估。监管考核办法的提出,有助于政府推行已确定的政策,确保小微企业、农民等切实地感受到融资门槛、借贷成本的降低。然而由于普惠金融服务本身存在高风险、低回报的特点,金融机构进行金融服务势必会提高其不良贷款率,监管考核办法的提出有助于缓解银行开展普惠金融业务的压力。2019年国务院和银保监会先后发布一系列相关政策,提出了对银行业新的监管考核办法和要求,提高了容忍度,完善了不良贷款化解方式,以及加强自身资本补充。

过去的这几年,监管机构传达出包容审慎监管的理念,一方面,对于新的业态,出现问题的地方如不良贷款率尽量秉承包容的态度;另一方面,包容审慎不意味着看待风险放任不管,相反,有度有效的监管责任比之前更重。"包容审慎"监管仍然要坚守底线,不给浑水摸鱼的违法行为任何机会。此外要创新监管的方式,提高监管效率和金融服务水平,促进普惠金融健康稳定发展。

四、普及金融知识教育和加强金融消费者保护

普惠金融服务中的重点对象在享受普惠金融服务时必须要对相关金融产品有一定了解,因此金融知识普及教育的重要性不言而喻。根深蒂固的传统思维导致了普惠金融推行的困难。政府对于普惠金融的教育十分重

视,近年也出台了一系列的相关政策。习总书记提出了"扶贫先扶智",相关监管部门实地开展了金融知识普及月活动,扩大弱势群体基础金融知识储备,培养风险防范意识,增强金融素养,引导需求者能够正确合理地享受普惠金融服务。2017年至2018年工信部要求各地需要结合小微企业的相关情况,通过线上传播和线下培训的结合、理论学习与案例情景教学的结合等方式开展多样化的金融知识普及教育活动。工信部发布的《小微企业金融知识普及教育课程大纲》中提出了引导小微企业学习金融知识,可以减少因知识盲区而出现的不必要的损失。

与此同时,政府对金融消费者权益保护监督检查十分重视。在2019年10月,银保监会决定组织银行业和保险业开展3个月的有关消费者权益乱象的整治工作,提高了行业对金融消费者权益的重视程度。

金融消费者的权益保护是普惠金融的重要部分,在金融产品日益丰富、技术变革迅速发展的背景下,有诸多缺乏信息披露的产品和虚假广告的存在,而投资者往往又对金融产品的有关知识比较匮乏,这就导致了金融消费者处在一个容易受到欺骗,资产容易受到损失的处境。在一些不发达地区甚至偏远地区容易出现金融诈骗等情况,而在这个问题的影响下,普惠金融所带来的正向作用很可能被抵消。从金融危机的发生可以看出,充分的金融消费者权益保护是维持金融稳定的一个关键点,反过来说,倘若金融消费者对金融服务机构充满信心,那么这将很大程度加强金融消费者对整个市场的信心,增加其投资的欲望。加强金融消费者权益保护的一个重要策略就是从解决大多数消费者的问题出发,首先应该确认对于价格和合同语言披露的要求,其次涉及供应商层面的纠纷和第三方赔偿的问题,以及关于供应商在部分领域的业绩报告等,以此来构建一个较为完善的保护机制。

五、财政政策的继续支持与引导

普惠金融的财政支持是政府参与普惠金融发展的主要手段。2019年8月第十三届全国人民代表大会上财政部部长刘昆提出,个人和小微企业创业担保贷款上限均提高50%,及时对金融机构给予足额贴息,并对上一年度年化担保费率不超过2%的省份进行奖补。财政支持是缺乏金融服务和金融服务不足群体享受普惠金融服务的基础和保障。受金融的逐利本质的影响,政策规范的硬性指导很难引导金融机构自主开展普惠金融服务,创新普惠产品。唯有享受政府财政支持,金融机构才有意愿去开展普惠金融服务,需求者才能够享受所需要的服务。同时,政府的财政支持会加速普惠金融体系的健全,市场的活跃度也会有利于市场的蓬勃发展。《普惠金融发展专项资金管理办法》实施以来,我国普惠金融发展取得的成效显著。2018年10月,中央财政下拨了扶持普惠金融的100亿元专项资金,相比于2017年增长了29.85%。财政部也表示会加大对各地政策落实情况的监管。

在普惠金融体系的构建过程中,不仅要发挥市场的作用,同时也应注重政府在这个过程中的引导和扶持,通过调配金融资源来帮助弱势群体,尤其满足乡村地区发展所必要的资金和基础设施需求,从而促进乡村经济的平稳快速增长。政府的引导离不开财政的支持,财政的职能主要通过提供公共服务、促进经济社会发展来体现,所以财政应当积极为普惠金融发展提供支持。对于政府来说,核心之处就在于如何在促进普惠金融发展的过程中找到合适的着力点,既不能不"帮",又不能让受惠者过度依赖政府的财政支持。

六、推动和支持数字普惠发展

数字普惠金融是普惠金融发展的重要组成部分。2018年12月,来自于全国各地的精英人士齐聚中关村对这一问题进行了讨论,为普惠金融的发展创新提供了分析和支持。这次讨论指出2017年和2018年我国的金融科技一直保持领先地位并处于良好的增长。2016年时美国在该领域处于第一位,专利申请数量达到4523件,而中国仅以一半的数量处于第二。2017年我国的人工智能、云计算等五大技术领域的专利申请量已超过美国,并远远高出英国和法国等发达国家。

2019年9月,央行提出要提高对农村互联网金融发展的重视。《中国农村金融服务报告(2018)》指出,在过去的时间中,有关部门全面贯彻落实了乡村振兴战略,并且在不断地努力进行改革创新,农村金融服务质量及能力得到明显提升,这些都促进了农业优化生产、农村经济发展以及农民收入的增加。

2019年8月,中国人民银行《金融科技发展规划(2019—2021年)》指出到2021年完善我国金融科技发展的支柱,并在此基础上进一步发展。

同年,《关于加强金融服务民营企业的若干意见》提出要推动数据共享,完善大数据服务平台,建立健全金融机构与民营企业的信息对接制度。并利用金融科技手段,健全征信体系,提高审批及风险管理能力,为小微企业融资开道。小微企业在国内金融体系内存在感弱的最重要原因就是其信用不足,金融科技提供了改善这一问题的方法。金融科技可以解决银行与企业间信息不对称的问题,保证信息的可靠性与透明度。大数据、人工智能等科技技术则可以极大地降低信息获取成本。因此政策提出的加强信息平台基础设施建设和数据共享,完善大数据服务平台等措施,是从实际问题的突破口着手,提供了解决问题的根本路径。

商业银行传统的线下网点经营方式成本高昂,因此,商业银行应该在自己多年的经验及积累基础上,大力发展数字金融,为社会提供更好的金融服务。

第五章　财政支持普惠金融发展的调研情况

在选择调研地区时,课题组主要基于两个方面的考虑：

一方面,调研地区的选择应具备对比性。课题组调研的主要目的是分析在普惠金融不同发展阶段时财政支持普惠金融的效用异同,应包括政策选择、财政效用、存在问题以及下一阶段选择。正是出于该考虑,课题组在选择调研地区时决定以普惠金融发展发达地区和欠发达地区来进行对比分析。同时考虑课题组人员配置以及疫情影响,因此仅选择两个地区作为参考。

另一方面,调研地区需要在普惠金融发展方面具有一定的特色,即前期应有一定的基础。课题组在上文已经分析了财政支持的有效性,因此在调研时,主要是分析财政支持已经实施的情况下,当地政府针对当地发展情况的财政支持手段选择异同。正是基于该考虑,我们选取了宜昌地区和广州地区两地作为参考。宜昌地区普惠金融发展得到政府高度重视,金融创新在湖北省内名列前茅,宜昌网上金融服务项目荣获国家发改委全国信用信息App观摩活动"优秀创新项目"称号,并被国务院自贸区联席会议简报肯定推广。为了能够更好地创新金融服务,提升普惠金融覆盖面,宜昌市政府在财政方面大力支持,甚至成立湖北三峡金融科技有限公司来发展推动。但是,受限于当地金融发展起步晚,虽然存在亮眼表现,但是仍处于探索发展阶段。而广州地区作为我国一线城市之一,金融发展水平优异,各类金融创新试点正在不断推行。当地政府也对普惠金融发展高度支持,不断探索新型财政支持模式。

综上,课题组选取宜昌和广州两个地区开展实地调研,分析当地政府财政支持普惠金融发展成效。

第一节　宜昌财政支持普惠金融调研情况

宜昌,位于长江中上游结合部、湖北省西南部,素有"三峡门户""川鄂咽喉"之称。宜昌古称"夷陵",因"水至此而夷,山至此而陵"得名。清朝时改称"宜昌",取"宜于昌盛"之意。宜昌是三峡工程、葛洲坝水利枢纽工程所在地,被誉为"世界水电之都"。宜昌现辖5区3市5县和1个国家级高新区,总面积2.1万平方公里,常住人口401.76万人,2020年末全市户籍人口为390.94万人。2020年实现地方财政总收入242.21亿元,比上年下降34.5%。其中,地方一般公共预算收入139.97亿元,比上年下降41.9%;地方一般公共预算支出588.80亿元,比上年下降1.4%。全市税收收入114.06亿元,比上年下降31.7%。2020年金融机构本外币各项存款余额4389.86亿元,比年初增加491.09亿元;其中住户存款余额2578.90亿元,比年初增加321.43亿元;非金融企业存款余额1095.79亿元,比年初增加121.82亿元。金融机构本外币各项贷款余额4002.37亿元,比年初增加466.40亿元,其中住户贷款余额1011.39亿元,比年初增加115.00亿元;企(事)业单位贷款余额2987.52亿元,比年初增加350.30亿元。为了更好地明晰财政支持普惠金融情况,课题组选取宜昌作为案例进行调研,作为三线城市的典型,用宜昌作为案例能够更好地分析普惠金融发展过程中的财政支持情况。

宜昌市注重挖掘信用价值,发挥宜昌智慧城市建设优势,通过发掘政务数据的信用价值,解决银企信息不对称问题;注重服务实体经济,通过数据和科技赋能,解决实体经济融资难、融资慢、融资贵的问题;注重做好风险防控,切实防范数据、资金、技术和网络风险,确保网上金融服务大厅作为金融创新项目实现资金、数据、技术的安全可控,发挥服务实体经济的引擎作用,打造宜昌乃至湖北在全国具有影响力的金融创新"名片"。在政府的大力推动下,宜昌普惠金融服务有力度、普惠金融发展有劲头、普惠金融稳定有担当、普惠金融创新有亮点。

一、宜昌普惠金融推进情况

(一)注重发挥数字技术与金融服务结合

宜昌市为支持小微、民营企业发展,发挥普惠金融作用,更好的解决融资难、融资贵、融资慢、融资繁的老大难问题。本着政府统筹主导、享有产权,企业免费搭建、市场化运营的思路,2018年11月宜昌市启动了"宜昌网上金融服务大厅"建设项目。目的是通过政府特有的政务数据优势为企业"画像"增信,便于银企之间融资对接,同时引导商业银行利用网上平台为民营企业、中小微企业、"三农"发展主体提供以信用贷款为主的各类综合化金融服务。

截至2019年7月,宜昌网上金融服务大厅已经与17家银行、1家担保机构合作,采纳17个部门的51类145种数据,完成授信总额25175万元,总申请人次22367,有效申请人数10010,授信人数2363。其发行的主要金融产品包括居民消费贷、创业担保贷等。具体见表5-1、表5-2。

表5-1 居民消费贷情况

产品	授信人数	授信额度(万元)	放款人数	放款总额(万元)
农行网捷贷	1759	14716	640	5041
广发E秒贷	54	385	30	152
汉口市民贷	32	221	4	20
招商闪电贷	7	98	0	0
累计	1852	15420	674	5213

表5-2 创业担保贷情况

银行	授信人数	授信额度(万元)	放款人数	放款总额(万元)
湖北银行	218	4255	148	2890
农行	209	3865	110	1970
三峡农商	67	1305	25	485
邮储	17	330	8	155
合计	511	9755	291	5500

宜昌作为湖北省首批智慧城市建设点，依托数字技术进行城市管理、社区网格管理、雪亮工程、智慧停车、养老服务、网络安全监管等，经验丰富。同时，宜昌政府在联合32个部门，构建大数据中心。截至2019年7月，大数据中心存量数据61.13亿条，拥有包括人口、法人、城市部件、房屋、GIS等基础信息数据库和90个应用数据库，32个部门交换共享，平均每日交换200万条，累计共享12.48亿条。以大数据、互联网、人工智能等技术优化金融服务能力，宜昌将网上金融服务大厅打造成"便捷化、一站式、全类别"金融综合服务平台，为全市高质量发展注入更加强劲动力。

(二)"五个持续"

一是持续优化"五位一体"工作机制。建立健全政府主导、人行推动、部门协同、金融机构为主、全社会共同参与"五位一体"的县域农村信用体系建设工作机制，研究出台相关制度办法，建立市、县、乡三级考核体系，推动实现农村信用体系与普惠金融发展的良性互动。二是持续强化县域农村信用工程创建。大力推动信用县、信用乡镇、信用村组、信用农户的创建活动，积极推动农村信用、信息和信贷融合。截至2018年，宜昌市信用县占比

100%,信用乡镇占比100%,信用村组占比90%,信用农户占比78%,县域贷款余额852.84亿元,自2012年以来年均增长近8%。三是持续完善农村金融服务平台。积极引导金融机构下沉网点及服务,加快推进"金融精准扶贫工作站""村级惠农金融服务站"(以下简称"两站")等建设。截至2018年,全市县域银行业金融机构网点数362个、从业人员4658人;金融精准扶贫工作站实现243个,实现贫困村全覆盖;村级惠农金融服务站87个,实现乡镇全覆盖;村均拥有转账电话37部、ATM机、POS机覆盖所有乡镇。四是持续推进农村经济主体培育。按照"分类主办、分层服务、稳步推进"的工作思路,大力实施新型农业经营主体主办行制度,推动金融与新型农业经营主体的对接合作。截至2018年,全市农民专业合作社达6143家,家庭农场2376家。五是持续探索信用评级机制建设。借助"两站"工作平台,推行"六看五老"信用评价方法,积极推进农户信用档案建设。截至2018年,全市建立农户信用档案73.96万户,评定信用等级68.88万户。

(三)探索创新

近年来,宜昌市为确保普惠金融政策有效实施,加快了县域农村信用体系建设步伐,作为全省农村信用体系建设试点地区,目前正协调推进以"数据库+网络"为核心的农村信用信息平台系统的开发与建设。一是建立推进工作机制。制定《宜昌市农村信用体系建设工作实施方案》,明确指导思想、工作目标、组织领导和工作措施。全市各级成立了由政府领导和相关部门组成的农村信用体系建设工作领导小组,加强统筹、组织、协调农村信用体系建设,按照"政府主导、信用办协调、人行牵头、多方参与"的原则稳步推进县域农村信用体系建设。二是搭建系统共享平台。在政府相关职能部门、中介机构、金融机构、农村网格化等信息网络建设的基础上,依托"两站"平台,搭建以行政村为基点、乡镇为节点、县(市、区)为单元、人民银行为归集点的"数据库+网络"农村信用信息共享服务平台。平台系统数据库将政府政策信息、金融机构产品与服务信息、中介机构服务信息、农村经济主体生产经营和融资需求信息纳入其中。通过对各类信息进行汇总、整理,实现与政府相关部门和涉农金融机构的网络连接、信息互动和资源共享。三是构建信息采集机制。根据人总行《农村信用体系建设基本数据项指引》,结合当地农村经济主体的特点和信息分布情况,采取数据报送、直接征集、系统互联网共享等多渠道征集农村经济主体信用信息,建立各相关部门和涉农金融机构信息采集、报送和更新长效工作机制。四是开展分类信用评价。农户的信用评价按照普通农户、贫困户和专业大户三类,参照"六看五老"信用评价方式，基于平台采集的信息分别确定评价指标，依托平台自动完成信用评分，依据评分结果划分信用等级。各涉农金融机构也可以参照各自评价体系，对农户进行信用打分评级。五是推动信用培育增进。结合地方经济社会发展重点，充分发挥平台信用评价展示与筛选统计功能，确定有信用、有潜力、有信贷需求的农村经济主体作为支持重点，建立适合地方经济发展需要、动态变化的信用培育"主体池"，组织金融机构开展信用跟踪、培植，帮助"池内"主体尽快满足信贷支持条件。六是强化信用评价应用。依托平台信用信息和信用评价结果，持续推进"信用户""信用村""信用乡镇"及新型农业经营主体信用示范评定与创建工作，引导涉农金融机构实施差别化信贷政策。督促相关职能部门将普惠金融政策与信用评价结果有效对接，在贷款贴息、增信支持、政府采购、项目开发、配套服务、创先评优上实施差异化管理，建立守信激励和失信惩戒机制。

二、宜昌财政支持普惠金融发展中存在的问题

（一）普惠金融概念界定不清

根据调研发现，政府虽然对普惠金融推动方面力度较大，但是对于普惠金融的概念，仍然不甚明了，对普惠金融和政策金融、小微金融、草根金融、扶贫金融等概念存在混淆。除此之外，政府财政在支持普惠金融发展过程中，容易将普惠与特惠混淆，忽略了普惠金融仍然是金融的本质特征。

（二）财政普惠金融奖补体系未健全

政府要想更好地促进普惠金融发展，需要建立健全普惠金融财政奖补体系，助力于财政资金精准施策。现有财政补贴体系：①创业担保贷款贴息及奖补：全额贴息，中央50%＋湖北省25%＋地方25%；②县域金融机构涉农贷款增量奖励：已经退出；③农村金融机构定向费用补贴；④PPP项目以奖代补：不应该纳入。然而在实际中，现有普惠金融奖补体系还存在较多缺陷，例如农业保险具有保民生的重要作用，能够使农民不因重大灾害而致贫返贫，品种多、力度大，但没有纳入补贴体系；财政部门按规定应对部分普惠金融业务第1年全额贴息，第2年2/3，第3年1/3，但实际只补贴两年，力度可以提高。

（三）政治压力下普惠金融推行存在阻碍

从严治党、终身追责制度下存在"一刀切"现象，基层干部、银行员工怕犯错、不敢做事，缺乏动力、不敢创新，导致普惠金融的推行过程中政府和金

融机构缩手缩脚,推行阻碍重重。

(四)普惠金融成本高,可持续性差

对于金融机构而言,虽然存在普惠金融奖补政策,但是对于农村没有抵押担保,贫困山区推进普惠金融的成本太高,金融机构的普惠金融推行过程中入不敷出、投入产出不对等问题严重。

三、宜昌财政支持普惠金融发展建议

(一)政府出资,打造地方性普惠金融公司

(1)以地方财政领头,出资建立地方性普惠金融公司,有针对性地开展小微企业、双创、"三农"建设等普惠金融服务。财政部门当前提供的普惠金融专项资金主要用于贷款贴息、以奖代补、费用补贴等方式,但是作为普惠金融直接服务对象的金融机构,即使得到贷款贴息、奖补等优惠,在推行普惠金融过程中仍存在动力不足的问题,部分小微企业、双创、"三农"建设等更是难以得到金融服务,因此政府应以地方财政领头,建立地方性普惠金融公司,有针对性地对被排斥的小微企业、双创、"三农"建设等进行普惠金融服务。

(2)政府出资组建财务公司,以不收费或低收费的方式帮助小微企业规范会计账务处理,提高财务数据的真实性、可靠性。信息不对称是小微企业被金融排斥的主要原因,而小微企业信息缺失的关键在于会计账务的处理不到位,财政资金可以通过建立政府背景的财务公司,专注于帮助小微企业提高财务数据的真实性和可靠性,促进小微企业信用信息的健全。

(3)政府出资组建专门的普惠金融担保公司,注重公益性。在财政部门普惠金融发展专项资金实施过程中,担保作为重要手段,被广泛用于推动普惠金融业务发展。但是,宜昌现有财政出资建立的担保公司业务过于多元化,专注于服务普惠金融担保的占比较小,需要财政建立专注于服务普惠金融业务的担保公司,开展更多的以公益性质为核心的担保服务。

(4)政府牵头打造政府、小微企业和银行三方合作平台,利用政府采购提供融资担保。政府背书能够有效地提升普惠金融业务开展效率,通过政府作为小微企业融资的担保对象,使得金融机构在开展普惠金融服务过程中效率更高,普惠金融业务推行更主动。而政府由于征信系统,对小微企业的信用信息掌握更全面,更能够有效地降低普惠金融业务风险。

(二)产品创新

(1)优化创新担保方式,将经营权、商标权、专利权、商誉权等无形资产列为可担保的方式,探索小微企业互保、互助方式。(目前银行偏重于房地产抵押担保,应收账款质押、存货质押等新品种的授信与企业的实际需

求不匹配,民营企业担保费用高。)

(2)创新区域特色产品,例如依据县域特色进行特有创新,实现一县一品,宜昌当前已经打造了秭归"橘农贷"、夷陵区"茶农贷"、枝江"能人贷"等特色产品。

(三)搭建多维度的信息共享平台,打破信息孤岛

(1)搭建有效的信息沟通机制。构建政府、金融机构、企业信息交流平台,有效实现企业充分了解信贷政策、业务流程、产品体系、管理要求,银行充分了解企业资质、运营等信息,促进金融服务的有效对接。

(2)财政与金融机构精准对接,银行的"三农"事业部、普惠事业部与财政部门沟通、协同,保证财政补贴找准对应普惠金融产品。

(3)财政建设健全普惠金融奖补体系。由财政牵头,对接工商、税务、社保、海关、公检法以及金融机构等,对各类普惠金融相关产品进行有效识别,建立明确奖补规则,保证将真正普惠金融产品纳入体系。

(四)打造财政支持普惠金融发展机制

(1)正向激励机制。财政需要建立有效的普惠金融激励机制,由财政牵头,人民银行监督,对金融机构进行行之有效的激励,推动金融机构自发开展普惠金融活动。

(2)风险保障机制。风险成本高是金融机构推行普惠金融服务过程中最主要的问题,政府通过财政手段建立风险保障机制能够一定程度上降低金融机构开展普惠金融服务时存在的风险。主要可通过担保手段,由财政推动建立政策性普惠金融担保体系,打造财政、金融机构与担保公司合作机制,扩大为小微企业、"三农"建设提供融资担保业务的规模并提供较低的费率。

(3)财政金融互动机制。为了合理推动财政资金由"直接补助"向"间接引导"方式转变,发挥财政资金撬动作用,实现财政资金对普惠金融领域多元化支持方式,政府应进一步推动财政金融互动机制。

第二节 广州财政支持普惠金融调研情况

广州市是广东省省会,广东省政治、经济、科技、教育和文化的中心。广州市地处中国大陆南方,广东省的中南部,珠江三角洲的北缘,接近珠江流域下游入海口。2019年末,广州市常住人口1530.59万人,城镇化率为86.46%。数据显示,广州市2019年全年户籍出生人口13.98万人,出生率14.86‰;自然增

长人口9.15万人,自然增长率9.72‰。户籍迁入人口21.05万人,迁出人口4.30万人,机械增长人口16.75万人。2020年,八大新兴产业合计实现增加值6757.15亿元,比上年增长3.7%,占地区生产总值的27.0%。民营经济增加值10200.03亿元,增长2.8%,占地区生产总值的40.8%。同时,广州也是全国首个获批创建区块链发展先行示范区的城市,设立有全国首家数字金融地方组织——广州市数字金融协会。作为普惠金融发展处于领跑地位的地区,课题组将广州作为财政支持普惠金融调研案例,能够更好地起到引领以及示范作用,可以为各地普惠金融发展指明方向。

一、广州普惠金融推进情况

(一)强化正向激励,完善普惠金融配套政策

1. 运用政策组合拓宽民营和小微企业融资途径

广州市积极落实普惠金融相关政策,先后制定下发《关于印发广州市民营上市公司纾困风险补偿暂行管理办法的通知》(穗金融规〔2019〕2号)、《关于金融支持乡村振兴战略的实施意见》(穗金融〔2019〕5号)、《关于加强落实深化小微企业金融服务工作部署的通知》(广州银发〔2018〕166号)、《关于加强金融支持广州市民营企业发展的实施意见》(广州营银发〔2018〕4号)等文件,综合运用货币政策工具和民营企业债券融资支持工具,从信贷、债券等渠道加大对民营和小微企业融资的支持,为小微企业、涉农等薄弱环节发展创造了良好货币金融环境。截至2019年9月末,广州地区普惠口径小微贷款余额、涉农贷款余额分别为1496.75亿元和1928.84亿元,比年初增加381.41亿元和106.67亿元,同比增幅分别为53.87%和3.18%,有效引导金融机构加大对小微企业等薄弱环节的支持力度。2019年9月,广州成功发行全国首单知识产权证券化产品,突破了传统信贷、知识产权质押融资期限短、规模小、融资成本高等局限,有效缓解民营中小企业融资难、融资贵问题,对拓宽中小科技创新型企业融资渠道具有重要意义和示范效应。

2. 健全地方政府信贷风险分担机制

发挥现有各项财政扶持政策作用,完善风险分担机制,提高金融机构积极性。一是设立全国规模最大的科技信贷风险补偿资金池,设立规模4亿元补偿资金池,通过风险共担各50%方式,发放不低于10倍风险补偿金规模的科技信贷。二是开展小额贷款保证保险创新,印发《广州市政策性小额贷款保证保险实施办法(修订)》,每年安排3000万元用于政策性小额贷款保证保险风险补偿和保费补贴,为科技型企业、初创企业、涉农企业、小微企业贷款提供保险支持。截至2019年9月底,共帮助22家企业获得贷款5701

万元,贷款利率均为基准上浮30%,待审批企业超过27家,待审批资金需求超1亿元。三是开展知识产权质押融资工作。2016年8月设立总规模4000万元的市知识产权质押融资风险补偿基金。四是建立广州市中小微企业融资风险补偿资金。2018年12月末正式印发《广州市中小微企业融资风险补偿资金管理暂行办法》,对银行与融资性担保公司、再担保公司等合作为小微民营企业提供贷款业务给予一定风险补偿。

3. 发挥财政资金支持和杠杆撬动作用

市财政安排多项资金支持金融服务中小企业、"三农"建设和民生等普惠金融项目发展,提高社会资本参与积极性。分年度投入5亿元设立中小企业发展基金、投入5亿元设立再担保机构,出资4亿元设立科技信贷风险补偿资金池。2018年拨付超1.54亿元支持普惠金融项目发展,包括农村金融建设资金、小微企业贷款风险补偿、小贷及融资性担保公司风险补偿、对"新三板"和股交中心挂牌企业补贴、社区金融服务体系建设和文化发展补贴等。同时,从融资租赁补助、担保费补助、首次融资贷款贴息、高成长贷款贴息四个方面为中小微企业融资提供贴息和补助,2018年共补助166家企业,补助金额共5498.15万元。

(二)推进机制体制改革,丰富多层次普惠金融供给

1. 推动大中型及本地银行健全普惠金融架构和机制

一是推动广州地区银行机构设立民营和小微企业的专营服务部门。按照《大中型商业银行设立普惠金融事业部实施方案》的要求,广州地区大中型商业银行基本都设立了普惠金融事业部。二是指导银行出台支持民营企业的专项措施、制定小微企业授信尽职免责制度,进一步扩大普惠金融帮扶能力。目前,广州地区银行基本围绕普惠金融业务制定专门的信贷计划、安排专项激励费用、提高考核分值权重,对普惠金融重点领域贷款给予相应内部资金转移的价格优惠。其中,建设银行广州分行普惠贷款新增一年来连续突破"两个百亿",余额超过300亿元,推出了"服务支持民营企业30条",为"高成长""小升规""三个一批"民营企业提供200亿元专项信贷支持;与市规划和自然资源局合作首创"普惠金融e登记",在一线城市中率先实现"不动产线上办理"和抵押贷款申请"一站式受理,最快当天放款"的全流程服务,为小微企业缩减办理时间50%以上、压缩融资时间70%。广州银行创新普惠信贷产品,打造"普惠之花"和"科技之花"——针对广东省工业和信息化厅年度"小升规"或"高成长中小企业"白名单库内的企业,推出"成长贷",给予最高200万元的贷款额度;推出"普惠联合贷"的"310"融资服务模式——3分钟申请、1秒钟放款、0人工操作,随借

随还,极大提升了服务效率;针对科技型小微企业,结合科技型中小企业信贷风险补偿资金池,推出"科技贷"。

2. 完善多层次地方普惠金融组织体系

逐步健全由政策性银行、大中型商业银行发挥"头雁效应",非银行金融机构、小额贷款公司、担保和再担保机构、村镇银行、资金互助合作社等新型金融组织提供有效补充的地方普惠金融组织体系。珠江金融租赁公司创新推出"土地经营权抵押+股权质押"的金融产品,有效解决了部分农业龙头企业融资难的瓶颈。广汽汇理汽车金融有限公司实行"农户贷"简易审批政策。截至目前,广州市市共有小额贷款公司110家,注册资本262亿元,贷款余额232亿元,累计投放365亿元,累计投放笔数574万笔。广州融资担保机构在保余额42.49亿元,其中小微企业融资担保余额25.48亿元、户数36458户,涉农担保余额0.86亿元,广州市2家资金互助合作社运行五年多以来发展良好,逐步优化组织架构,累计贷放金额合计超8200万元,有效支持了当地特色农业和农业龙头企业上下游产业链社员的发展。

3. 充分发挥资本市场直接融资支持作用

大力推动符合条件的民营和小微企业利用境内外多层次资本市场实现融资发展。广州市累计培育493家新三板挂牌企业,总市值813.04亿元;广东股权交易中心累计挂牌、展示企业15640家,累计融资总规模1130.68亿元。

4. 稳步推进涉农保险业务发展

把发展政策性保险作为支持广州市"三农"发展的重要手段之一。逐步扩大农业保险覆盖面和增加保险品种。2018年研究制定《广州市蔬菜种植气象指数保险实施方案》,目前,广州市政策性农业保险品种近20种,覆盖了水稻、玉米、甘蔗、花生、马铃薯、荔枝、龙眼、香蕉、木瓜、能繁母猪、奶牛、生猪、家禽、水产及森林和农房等。政策性农村住房保险承保农户数634173户,承保费319.38万元,合计为农户合计提供了507.34亿元的住房风险保障,年度保险覆盖率达到99.99%。

(三)大力发展数字普惠金融,提高金融服务可得性和便利性

1. 出台支持金融科技发展专项政策

2018年正式印发《广州市关于促进金融科技创新发展的实施意见》,鼓励广州地区银行机构运用互联网、大数据、云计算等金融科技手段,加速与自身业务融合,利用线上线下同步发展,延伸服务范围,拓展服务渠道,提高服务质量和效率。广州地区银行机构网上银行、手机银行等数字化服务渠道迅速发展。

2. 运用金融科技优化信贷服务流程

引导广州地区银行机构依托金融科技手段提供线上信贷服务,根据民营和小微企业资金需求特点创新推出"小微快贷""抵押快贷""科技贷""高企贷"等网络快贷产品,可通过手机或网上银行、微信公众号等渠道在3~5分钟内实现自助申请、审批、签约、放款(额度在200万元以内)。切实提升服务质量和效率。

3. 发展供应链金融扩大服务覆盖面

2019年10月正式印发《广州市关于促进供应链金融发展的实施意见》(穗金融〔2019〕27号),引导银行机构依托核心企业,通过与核心企业信息互联,高效、及时地获取信息流、资金流、物流等数据,基于真实贸易背景及核心企业增信措施,为产业链上下游企业提供融资服务,实现批量授信、批量开发。

(四)聚焦薄弱领域,创新普惠金融产品服务

1. 量身定制小微企业金融服务方案,缓解还款压力

引导广州地区银行机构通过优化风控系统、减免服务收费等手段,以循环贷款、分期偿还贷款本金等措施提供个性化的金融产品,支持符合条件的小微企业融资周转"无缝衔接",降低总体融资成本。如华侨永亨银行广州分行采取等额本金的方式分期收取小微企业的贷款本金,以减轻小微企业的还款压力。渣打银行广州分行为小微企业按不同成长阶段、业务规模设计了不同的金融服务方案,为小微企业提供包括"无抵押小额贷款"和"一贷全"等特色小微企业贷款产品。

2. 创新民生保险产品,满足多样化保险需求

一是选择台风、强降水两项灾害因子建立广州市巨灾指数保险机制,提高广州市对灾害风险承受能力。目前广州市2019—2021年巨灾指数保险服务机构招标工作已全部完成。下一步将按照年度3000万元保费规模安排财政预算,台风保险金额3.5亿元,强降水保险金额3亿元。二是优化整合社保卡"一卡通"平台金融服务功能。目前,广州市社保卡已整合了医保卡、银行卡、优抚卡、老人卡等11种卡证功能,实现政府公共服务219项应用,一卡通应用初见成效。

(五)推进金融基础设施建设,改善普惠金融发展环境

1. 健全普惠金融信用信息体系,推进中小微企业信用平台建设

推进广州市信用信息平台建设应用。已在税务、工商、海关、环保、招投标等领域率先建立信用联合奖惩机制。推进广州市中小微企业信用信息和融资对接平台、中征应收账款融资服务平台、中征动产融资统一登记系统等

平台建设和推广应用。通过信用信息和融资对接凭条,绝大部分金融机构最快可在5个工作日内完成信贷审批发放流程,可节省约40%的时间。

2. 优化金融支付环境,扩大移动支付应用领域范围

广州市不断完善支付环境基础设施,推广移动支付在公共服务领域应用,进一步提高本地居民日常生活金融便利性。一是大力支持海珠区与腾讯公司联合打造"琶洲移动支付智慧岛"。广州市地铁公交已基本实现刷金融IC卡、微信或支付宝过闸和支付,移动支付应用水平全国领先。二是积极推动农村地区移动支付业务发展,落实《农村普惠金融服务点支付服务点技术规范》行业标准,保障农村地区支付结算基本金融服务。重点推广"银行卡助农取款＋移动支付"、"乡银保＋移动支付"等普惠金融特色模式,引导金融机构精准对接服务"三农",促进城乡金融服务均等化。

3. 大力开展金融服务站建设,缓解金融服务"最后一公里"问题

继续引导金融机构在金融服务较欠缺的地区设立社区或农村金融服务站,主要提供自助存取款、转账支付、金融服务咨询、金融知识普及等基础金融服务。截至目前,全市共建农村金融服务站238家、社区金融服务站589家,布局均衡合理,总体运行良好。同时鼓励银行金融机构延伸服务半径,在不具备设立站点条件的行政村,选择具有一定经济实力和信誉好的农村小超市等安装POS机等金融电子化机具,让高效便捷的金融服务惠及更多群众,实现广州市农村地区基础金融服务全覆盖。其中,在增城地区依托助农取款服务点推动银保合作,积极开展"助农取款＋政策性民生保险"业务,拓展取款点银行服务功能,深入乡村为广大农民解决农村地区"保险止步镇街"的困难,有效改善农村居民金融服务体验。

二、广州财政支持普惠金融发展中存在的问题

(一)风险补偿机制方面

(1)风险补偿机制资金规模小、风险分担比例低,对金融机构的激励作用有限。政府信贷风险补偿是缓解中小企业融资难的一项创新性举措,目前仍处于起步阶段,财政投入政府信贷风险补偿资金规模较小,与深圳市初始规模20亿元的中小微企业贷款风险补偿资金池和西安市总规模50亿元首期规模20亿元的融资担保基金等相比,存在较大差距。此外,广州市中小微企业融资风险补偿资金风险分担比例仅为10%,与各地普遍50%的分担比例存在差距,对增强银行放贷意愿的激励作用相对有限。

(2)资金分散,难以形成政策合力。省、市、区都设立政府信贷风险补偿机制,同级政府内各职能部门也均有不同的信贷风险补偿机制,各个机制

中补偿对象均有中小企业,但补偿资金、补偿标准和补偿政策不一。一方面,无形中增加了中小企业信息成本;另一方面,金融机构针对不同的风险补偿政策需开发不同产品,可能造成金融资源重叠浪费。

(3) 风险补偿机制企业门槛高,覆盖范围小,企业受惠面较窄。广州市科技型中小企业信贷风险补偿资金池业务范围仅限于入选备案企业库的科技型企业,入选门槛较高,范围较窄。广州市中小微企业融资风险补偿资金限定纳入广州市再担保体系的项目方可享受风险补偿资金的相应补偿。近年来,由于担保行业风险的集中爆发,银行与担保机构的合作大幅减少,截至2018年末,广州市融资担保余额仅为90.89亿元。

(4) 风险补偿机制补偿兑现耗时长,影响金融机构的积极性。广州市科技型中小企业信贷风险补偿资金池规定贷款发生损失后,需依法对企业诉讼且判决生效后,合作银行才能申请补偿,并经主管部门核准、公开后纳入年度预算。广州市知识产权质押融资风险补偿基金要求贷款逾期90天以上,经基金管理人核实,报决委会同意后方可补偿,耗时往往半年以上。同时,银行在损失认定后、补偿兑现前,会对相关客户经理进行追责,影响工作人员开拓业务的积极性。

(二) 银企信息不对称

部分小微企业存在经营管理水平差异较大、经营业绩波动性较高、信息披露较少、财务信息不透明等问题,商业银行和小微企业间信息不对称。社会诚信体系有待提升,导致银行搜集、审核小微企业信息、资质成本较高,增加了银行放贷风险。

(三) 小微企业和涉农贷款风险分担体系有待提升

大部分小微企业和涉农客户存在规模较小、土地厂房等固定资产占比偏低等特点,缺乏有效的担保措施,有效抵押物少,导致小微企业和涉农贷款与国企贷款、个人住房贷款等相比客观上存在相对更高的风险性。担保、保险风险分担模式较少,当前贷款风险大多由银行承担,一定程度抑制了银行此类贷款的积极性。

(四) 全面落实普惠金融考核激励政策存在一定操作困难

(1) 普惠型小微企业减免增值税政策覆盖不够全面且操作复杂。按照税务部门有关规定,自2018年9月至2020年12月,对金融机构向小型企业、微型企业和个体工商户发放小额贷款取得的利息收入,免征增值税。实际情况中,银行对小微企业主作为主体贷款占比更高(如,2020年6月末广州农商行小微企业"两增两控"口径贷款规模中,小微企业及个体工商户贷款余额79.31亿元,占比38.18%,小微企业主贷款128.40亿元,占比61.82%),但小微企业主贷款却未能享受相应的优惠政策。此外,部分小微企业财务报表不健全,银行为支持小微企业贷款需要依靠更多资质材料来做授信决策。但上述政策执行时要求银行提供企业报表来核实小微企业划型,导致银行申请增值税减免难度增大。

(2)"两增两控"政策季度性利率监控限制目标对银行造成较大压力。在近年"两增两控"("两增"是指单户授信总额1000万元及以下小微企业贷款较年初增速不低于各项贷款较年初增速、有贷款余额的户数不低于年初水平;"两控"是指合理控制小微企业贷款资产质量水平和贷款综合成本)普惠金融考核政策执行中,银监部门通过季度性利率监控来控制小微企业贷款综合成本。比如,按照中国银保监会对银行业小微企业贷款利率实施监测有关要求,2018年三季度当季新发放的普惠型小微企业贷款利率较当年一季度明显下降,四季度较三季度保持平稳态势。持续性的利率下降要求对银行小微企业贷款业务经营造成较大成本压力。

(3)对前一年度不良贷款核销还原增加了银行实现本年度"两增"目标的难度。根据中国银保监会有关规定对辖内2018年完成"两增"考核目标的法人机构,允许其考核时将2019年普惠型小微企业不良贷款核销金额还原计算,但要求对比的考核基数(即2018年普惠型小微企业余额)也要进行不良贷款核销还原,增加了"两增"目标的考核基数,致使机构完成2019年"两增"考核目标难度增大。

三、广州财政支持普惠金融发展规划

(一)充分发挥各类银行机构的作用

(1)鼓励开发性政策银行以批发资金转贷形式与其他银行业金融机构合作;推动农业发展银行广东省分行强化在广州的政策性功能定位,对农业基础设施建设方案加大贷款力度。

(2)引导银行机构加大对小微企业的信贷支持,进一步规范服务收费,完善续贷管理。支持银行机构在风险可控、商业可持续的前提下,对市场前景好、暂时有困难的企业不断贷、不抽贷。银行要健全向服务"三农"倾斜的绩效考核和激励机制。

(二)规范和探索发展各类新型金融机构和组织

(1)探索小额贷款公司和典当行融资渠道,规范具备接入条件的小额

贷款公司接入金融信用信息基础数据库。进一步完善小额贷款公司风险补偿机制和激励机制,努力提升服务"三农"和小微企业融资服务水平。

（2）鼓励金融租赁公司和融资租赁公司发挥融资便利、期限灵活和财务优化的优势,支持小微企业通过以租代购的方式实现"机器换人"和设备改造更新。

（3）探索新型农村合作金融发展有效途径,稳步推进资金互助合作社试点。

（4）设立普惠金融针对中小微企业的融资再担保业务的再担保机构;设立中小企业发展基金;推进小额贷款保证保险试点。

（三）积极发挥保险公司资金和保障优势

（1）支持保险机构持续加大对农村保险服务网点的资金、人力和技术投入,完善农业保险协办机制。

（2）大力推广政策性涉农保险,通过以奖代补等财政支持形式,不断拓宽政策涉农保险的品种数量和保障额度。

（3）支持保险机构与基层农林技术推广机构、银行业金融机构、各类农业服务组织和农民合作社合作,促进实际需求与保险服务、产品相契合。

（四）支持金融机构创新产品和服务方式

（1）支持金融机构创新推出针对小微企业、高校毕业生、农户、特殊群体以及精准扶贫对象的小额贷款业务。

（2）鼓励金融机构开展权利抵（质）押信贷创新业务;推广"政银保（担）"合作农业贷款业务。

（3）扩大农业保险覆盖面,发展农作物保险、主要畜产品保险、重要"菜篮子"品种保险和森林保险。推广农房、农机具、设施农业、渔业、制种保险等业务。

（五）有效发挥资本市场融资功能

（1）加强对符合条件的农业企业、小微企业上市培育与辅导,支持其在境内外证券交易所发行上市,引导暂不具备上市条件的高成长性、创新型企业到全国中小企业股份转让系统挂牌交易、融资发展。

（2）支持符合条件的农业企业、小微企业发行企业债券、公司债、中期票据、短期融资券、私募债等直接融资工具,降低融资成本。鼓励各区政府设立投资基金服务"三农"和小微企业,与银行机构探索开展"投贷联动",发挥财政资金杠杆作用,支持区内优质企业创新发展。

(3)引导证券期货经营机构增强服务普惠金融的能力。

（六）运用新兴信息技术及互联网手段拓展普惠金融服务

(1)鼓励金融机构运用大数据、云计算等新兴信息技术，打造互联网金融服务平台，积极发展电子支付手段，进一步构筑电子支付渠道与固定网点相互补充的业务渠道体系，加快以电子银行和自助设备补充、替代固定网点的速度。推广保险移动业务，提高特殊群体金融服务可得性。

(2)引导网络金融产品销售平台规范开展业务。

(3)鼓励电商、物流、商贸、金融等企业搭建农业电子商务平台，稳步实施"互联网金融＋信用三农"融资项目，研究制订"互联网金融＋信用三农"制度规范，建立"互联网金融＋信用三农"风险防范机制和风险补偿基金。

（七）加强普惠金融教育和金融消费者权益保护

(1)多渠道宣传普惠金融和普及金融基础知识，注重培养社会公众信用意识和契约精神。

(2)培育公众金融风险意识。

(3)支持有条件的中小学校开展金融理财知识教育，联合金融机构开展金融领域社会实践活动。

(4)加强消费者权益保护监督检查，严厉查处侵害金融消费者合法权益行为，完善消费者权益保护评估体系。

第三节　宜昌、广州财政支持情况异同分析

将宜昌和广州作为调研案例，有助于分析普惠金融推行中财政支持情况以及普惠金融发展较为完善后财政支持变化。通过分析两地财政支持异同，有助于为各地区财政支持指明方向，同时也能分析如何更好、更高效地实现财政支持普惠金融发展。

一、两市财政支持相同点

（一）财政都将数字普惠金融作为金融服务打通"最后一公里"的关键

伴随着普惠金融进入数字普惠金融阶段，利用数字技术表现出的与普惠金融良好的相性，为普惠金融带来了诸多新的特性，如能够有效降低金融服务的门槛和成本，扩大普惠金融的受惠面，为金融排斥群体提供合理高效

的金融服务，真正实现丰富金融市场层次、优化资源配置效率、助力小微企业发展。也正是因为数字普惠金融较之传统普惠金融更优良的普惠性，受到了各地政府的青睐，各地政府纷纷将发展数字普惠金融作为推进普惠金融发展的重点。

宜昌市别出心裁，政府借助金融科技公司的技术手段，打造网络金融中心，通过政府主导牵头，财政出资，金融机构加入的方式，为更广泛的群众提供普惠金融服务。线上的金融服务模式，降低了金融机构成本，提升了服务效率，同时由于政府主导，能够有效地实现多部门信息沟通，降低金融机构普惠服务风险。

广东作为国内数字普惠金融发展领先的地区，政府在推动数字普惠金融过程中多头并进。其一，支持金融机构发展金融科技，以实现数字金融的可得性和便利性。2018年正式印发《广州市关于促进金融科技创新发展的实施意见》，鼓励广州地区银行机构运用互联网、大数据、云计算等科技手段，加速与自身业务融合，利用线上线下同步发展，延伸服务范围，拓展服务渠道，提高服务质量和效率。其二，推动供应链金融发展，扩大金融服务覆盖面。2019年10月正式印发《广州市关于促进供应链金融发展的实施意见》，引导银行机构依托核心企业，通过与核心企业信息互联，高效、及时地获取信息流、资金流、物流等数据，基于真实贸易背景及核心企业增信措施，为产业链上下游企业提供融资服务，实现批量授信、批量开发。其三，实现数字普惠金融风险有效监管。2019年6月21日，全国首个地方金融监管试验区——广州数字普惠金融监管试验区正式启动建设，拟通过监管科技运用，夯实数字普惠金融发展基础，有效防控地方金融风险。同时，广州市地方金融监管局联合广州互联网法院设立了"数字金融协同治理中心"，推进地方金融智能监管系统建设，创新打造"制度＋科技＋协同"的地方金融监管新模式。

可以看出，地区普惠金融推进情况不论如何，数字普惠金融都已经成为普惠金融发展的重要手段，各地政府已经纷纷将数字普惠金融作为金融服务打通"最后一公里"的关键。

（二）财政支持资金的手段都向引导转变

根据《普惠金融发展专项资金管理办法》，财政的普惠金融专项资金遵循惠民生、保基本、有重点、可持续的原则，综合运用贷款贴息、以奖代补、费用补贴等方式，引导金融机构支持普惠金融发展。这点在调研地区宜昌和广州都有明显体现。在宜昌，财政局成立了3000万元的财政金融风险补偿基金。此外,利用财政资金,成立了10家国有担保公司,能够为担保提供20%的费用补贴,在2016—2018三年间,担保公司分别补贴500万元、800万元、570万元,2019年财政预算为700万元。2016年设立政府引导基金——三峡股权投资基金,包含27只子基金,累计投资项目90个,投资额42亿元,已退出6个,综合收益率约9.1%。可以看出,宜昌市政府积极通过财政的手段来为金融机构开展普惠金融服务提供激励,以推动金融机构自发的开展普惠金融服务。

在广州,市财政安排多项资金支持金融服务中小企业、"三农"和民生等普惠金融项目发展,提高社会资本参与积极性。分年度投入5亿元设立中小企业发展基金、投入5亿元设立再担保机构,出资4亿元设立科技信贷风险补偿资金池。2018年拨付超1.54亿元支持普惠金融项目发展,包括农村金融建设资金、小微企业贷款风险补偿、小贷及融资性担保公司风险补偿、对"新三板"和股交中心挂牌企业补贴、社区金融服务体系建设和文化发展补贴等。同时,从融资租赁补助、担保费补助、首次融资贷款贴息、高成长贷款贴息等四个方面为中小微企业融资提供贴息和补助,2018年共补助166家企业,补助金额共5498.15万元。

同时,广州财政还大力健全地方政府信贷风险分担机制。例如,设立全国规模最大的科技信贷风险补偿资金池,设立规模4亿元补偿资金池,通过风险共担各50%方式,发放不低于10倍风险补偿金规模的科技信贷;打造广州市中小微企业融资风险补偿资金。2018年12月末正式印发《广州市中小微企业融资风险补偿资金管理暂行办法》,对银行与融资性担保公司、再担保公司等合作为小微型民营企业提供贷款业务给予一定风险补偿。

综上发现,财政资金支持虽然能够有效推动金融机构开展普惠金融服务,但是这并非长久之道。政府这只"看得见的手"的作用主要还是在于辅助市场这只"看不见的手",要想真正实现有为的政府和有效的市场结合,根本还是在于激发市场自身的积极性。发展普惠金融,需要提高金融机构的主观能动性,保证其获得合理适度利润的同时,实现商业发展的可持续,让普惠金融不只是"政策性金融",更是"发展型金融"。也正是出于这种目的,各地政府应在财政支持普惠金融发展过程中,把资金引导激励作用作为财政支持的关键。

(三)普惠创新成为财政支持新目标

习总书记在全国金融会议上提出,真正发挥好普惠金融的作用,就要切实深入推进改革,如推出鼓励商业性金融机构从事普惠金融业务的相关政策、促进成本低廉的资金主动流入普惠金融领域、让政策性金融机构深入到偏远地区和落后地区,等等。为了达到这个目的,各地区政府都因地制宜、因时制宜、因式制宜的推动普惠金融创新,使得普惠金融能够更好地服务本地经济发展。例如宜昌财政局为了保证农民不因重大灾害而致贫返贫,根据各县市农业情况推出了特色农业保险,部分地区财政资金直接为各农民购买相应的农业保险。除了普惠金融产品创新,宜昌财政还积极推动普惠金融技术创新,由财政出资,与金融机构合作,不断地对其地方网上金融服务大厅进行更新换代,实现数字技术与金融服务的更高效结合。

广州市财政在普惠金融服务创新方面也重点支持。一方面,为中小企业打造定制金融服务,降低其还款压力。引导广州地区银行机构通过优化风控系统、减免服务收费等手段,以循环贷款、分期偿还贷款本金等措施提供个性化的金融产品,支持符合条件的小微企业融资周转"无缝衔接",降低总体融资成本。如华侨永亨银行广州分行采取等额本金的方式分期收取小微企业的贷款本金,以减轻小微企业的还款压力。渣打银行广州分行为小微企业按不同成长阶段、业务规模设计了不同的金融服务方案,为小微企业提供包括"无抵押小额贷款""一贷全"等特色小微企业贷款产品。另一方面,从保险着手,完善多样化保险服务。一是选择台风、强降水两项灾害因子建立广州市巨灾指数保险机制,提高广州市对灾害风险承受能力。二是优化整合社保卡"一卡通"平台金融服务功能。广州市社保卡已整合了医保卡、银行卡、优抚卡、老人卡等11种卡证功能,实现政府公共服务219项应用,一卡通应用初见成效。

通过宜昌、广州两市的财政资金支持方式可以看出,通过创新方式使得普惠金融服务能够更好地服务到金融排斥群体是财政支持普惠金融发展的关键手段。

二、两市财政支持不同点

(一)财政支持核心对象不同

由于宜昌、广州两地发展水平存在差异,其城市内金融排斥主体存在区别,因此财政支持普惠金融发展过程中针对的核心服务对象不同。

对于宜昌市而言,由于经济发展水平较发达城市仍有较大差距,根据2018年宜昌市政府公布的数据,截至2016年宜昌城镇人口1798173人,农村人口2144956人,户籍人口城镇化率为45.6%,农村人口占了宜昌市总人口的大半。虽然在《推进普惠金融发展规划(2016—2020年)》中提及小微企业、农民、城镇低收入人群、贫困人群和残疾人、老年人等特殊群体是当前我国普惠金融重点服务对象,但是在宜昌,由于农民占了人口的大多数,普惠金融推进过程中更多的是要实现对农民群体的金融覆盖,利用普惠金融手段打通金融服务"最后一公里",服务农村弱势群体,实现乡村振兴,为"三农"工作提供支持。

但是对于广州而言,城镇化已经接近完成。根据广州市统计,广州市城镇人口、乡村人口分别占比86.46%和13.54%,农民虽然是普惠金融服务重点,但是不是要点。广州市财政支持普惠金融服务重点在于中小微企业,《广州市中小微企业融资风险补偿资金管理暂行办法》、设立中小企业发展基金、设立再担保机构、设立科技信贷风险补偿资金池等一系列财政资金支持手段,都是为了向中小微企业提供更有效的普惠金融服务。

可以看出发展阶段不同的地区,财政支持普惠金融服务的核心对象存在差异,各地财政应该依据本地金融排斥对象特征,有针对性地选择核心支持对象。

(二) 财政支持主要方式不同

虽然说宜昌和广州两市财政支持手段都向引导转变,但是普惠金融可得性、覆盖性不同,发展水平存在不同,也使得普惠金融发展阶段的地区财政支持主要方式存在差异。财政支持普惠金融服务的目的是为了更好地实现金融排斥对象获取金融服务,两地财政支持核心服务对象存在差异,财政在进行资金支持过程中,选取得金融支持手段也存在差异。在宜昌,由于农民作为其普惠金融服务主体对象,财政在资金支持方式选择中更多的是通过贴息、奖补甚至直接出资的方式来对农村普惠金融服务提供支持。这是因为在"三农"工作推进过程中,要巩固脱贫攻坚全面胜利的果实,必须保证农民不返贫返困,因此财政资金在支持金融机构对农民开展普惠金融服务时,更多的是采用无偿的或者奖补性质的支持,引导性质的较少。

但是在广州,中小微企业获取金融服务难的根本原因在于信息的不可得,而并非资质问题。因此,广州财政资金主要通过风险补偿、担保资金等方式鼓励金融机构积极主动开展普惠金融服务,同时在资金引导的过程中健全普惠金融信用信息体系,推进中小微企业信用平台建设,为金融机构自发开展普惠金融服务提供优良环境。

(三) 财政支持形式多样化不同

由于金融发展水平存在差异,两地财政支持形式多样化存在不同。广州由于金融发展水平全国领先,其财政资金能够利用多元化的金融服务手段引导金融机构开展普惠金融服务。2019年9月,广州印发《广州市关于促进供应链金融发展的实施意见》,通过财政支持发展供应链金融扩大服务覆盖面;2019年,广州大力推动符合条件的民营和小微企业利用境内外多层次资本市场实现融资发展。截至2019年9月,累计培育493家新三板挂牌企业,总市值813.04亿元;广东股权交易中心累计挂牌、展示企业15640家,累计融资总规模1130.68亿元;2016年8月设立总规模4000万元的市知识产权质押融资风险补偿基金等。广州通过多种金融渠道实现多元化普惠金融服务。

受利于金融发展水平,广州相对于宜昌存在更多财政资金使用的方式,可以实现更多元化的财政支持普惠金融发展。

三、结论与启示

通过对宜昌和广州两地的财政支持普惠金融发展方式进行异同分析,发现其存在以下几方面的特点:

(1)财政支持普惠金融发展过程中,财政资金是逐渐由支持转向引导,根本目的是引导。政府推动普惠金融发展,最终是要实现金融机构开展普惠金融服务的主观能动性,保证其获得合理适度利润的同时,实现商业发展的可持续,让普惠金融不只是"政策性金融",更是"发展型金融"。但是根据宜昌和广州两个案例对比可以明显发现,广州作为金融服务"最后一公里"即将打通地区,财政资金更多的需要发挥引导作用,尽快激励金融机构普惠金融服务自发,实现"发展型金融"。但是对于宜昌等农村人口占比较大,贫困地区较多的城市,当前普惠金融服务目的的关键是保证农民不返贫返困,巩固全面脱贫攻坚的成果,因此普惠金融的"政策性"特点不能丢,要用财政资金支持,为农民获取金融服务提供保障。

(2)各地普惠金融服务的核心对象不同,会导致其财政资金支持普惠金融发展时方式存在差异,目的是为了更好地实现普惠金融的覆盖面。各地财政支持普惠金融发展最有效的方式在于找准自身地区普惠金融服务对象主体,根据普惠金融服务的核心对象进行财政支持方式选择。地区经济发展出于不同阶段,普惠金融服务核心对象也会随之变化,因此地方财政应动态的调整自身财政支持政策,以实现有为政府与有效市场的良性结合。

(3)数字普惠金融已经成为公认的普惠金融发展新阶段,同时也是必要阶段。各地政府开始高度重视通过数字技术与金融服务的结合,通过数字技术与金融服务的良好相性,更好地发挥金融服务的覆盖率、可得性、满意度。数字普惠金融尤其是数字普惠产品与技术已经成为财政支持普惠金融发展的重点之一。值得注意的是,虽然数字普惠金融相对传统普惠金融,带来了更高的覆盖面,但是它也带来了更强烈的金融排斥。因为数字普惠金融的门槛要求,被数字普惠金融服务的对象需要具备数字设备,并且具有一定的金融素养以及数字技术使用能力,这对于偏远地区、中老年等群体而言相对较差。因此各地政府在将数字普惠金融作为重点大力推进过程中,要注重对金融素养教育、数字金融基础设施建设等的提升。

第六章　财政支持普惠金融发展的实证检验

第一节　引言

近年来,金融科技发展迅速,多种数字科技例如云计算、区块链、人工智能、大数据等发展迅猛,数字技术表现出与普惠金融良好的相性,推动了我国普惠金融进入数字普惠金融新阶段。数字普惠金融将数字技术与普惠金融相结合,利用云计算、大数据等数字技术对客户所面临的风险等进行甄别和分析,够有效降低金融服务的门槛和成本,扩大普惠金融的受惠面,为各个群体尤其是金融排斥群体提供合理高效的金融服务,真正实现丰富金融市场层次、优化资源配置效率、助力小微企业发展。数字普惠金融的出现为产业结构升级注入了新活力,为国家经济高质量健康发展提供新动能。

发展是第一要务,创新是第一动力。在习近平新时代中国特色社会主义思想的引领下,我国经济增长速度加快,且由传统的高速发展转向高质量发展,经济增长的动力也从要素驱动转向创新驱动,创新作为推动经济发展第一动力,是保证我国经济顺利转型的重要抓手。根据内生经济增长理论,经济增长的根本动因在于技术创新(Zhu et al.,2020)。企业是经济系统中最活跃的微观主体,在我国创新驱动战略中占据核心地位,要想真正实现创新推动发展,关键在于通过减少企业融资约束、降低企业创新成本来调动企业创新动力。作为现代经济的核心,金融是企业创新的重要外部环境(谢雪燕、朱晓阳,2021),金融能否发挥服务实体经济能力,对能否促进企业创新具有重要作用,金融服务的有效与否直接关系到企业创新的成败。然而,由于我国特殊的历史背景,金融要素市场存在价格与配置扭曲的现象,导致企业融资约束问题普遍,极大抑制了企业开展创新活动的动力(汪伟、潘孝挺,2015)。伴随数字技术的飞速发展及其与普惠金融的深度融合,金融服务的边界得以扩展,金融功能得到有效改善,金融服务的效率相比之前也有显著提升。数字普惠金融具有覆盖广、成本低以及效率高等方面的优势,对改进我国整体金融体系有促进作用。数字普惠金融能否切实有效地改善金融体系供给效率,降低企业融资约束水平,促进企业创新,是国内外学者重点关注的问题。

目前,在全球诸多国家中中国数字金融发展水平居于领先地位,有效发挥了金融服务实体经济的功能,其中政府支持发挥了不可替代的作用。一方面,"试点容错"。中国政府依据以往改革经验,对数字金融这样的新型金融发展模式容忍度较高,通过"试点容错"的方式,为数字普惠提供了有利的发展环境(唐松,2019);另一方面,财政支持。财政支持是政府参与推动普惠金融发展的最重要的手段之一,财政部于2016年发布的《普惠金融发展专项资金管理办法》开始统一拨付资金用以助推普惠金融发展。受惠于政府财政的支持,各金融机构能够在低风险、低成本的环境下开展普惠金融试点工作,为普惠金融的顺利推行提供了保障。但是,政府的参与容易产生主观性偏差、市场缺乏灵活性等问题,即"政府失灵"。如何正确发挥市场的资源调配作用、更好地优化资源配置以及更好地发挥政府功能,推动有效市场与有为政府的结合,是数字普惠金融发展进程中需要注意的问题。本章拟从区域创新的角度出发,分析数字普惠金融发展带来的创新驱动效应,并结合政府财政支持来对政府参与的有效性进行探索,分析如何更好实现有效市场与有为政府的结合。

根据已有研究,数字普惠金融的发展促进了企业的创新产出(唐松等,2020),推动了地区开展创新活动(徐子尧等,2020)。然而具体如何推动?在财政支持的情况下发生了怎样的变化?针对这些问题,鲜有学者讨论。相对于已有研究,本章研究的边际贡献在于两个方面:①大部分研究数字普惠金融对创新的影响集中于企业这一微观层面,主要基于微观企业融资约束、财务行为改变等路径来探讨数字普惠金融发展对企业创新的影响。本章着重考察数字普惠金融的发展如何影响地区创新水平,并根据市场化水平不同进行区分,讨论数字普惠金融创新驱动效应是否因不同地区金融发展水平不同而呈现出不同的地区特质性。研究丰富了数字普惠金融相关领域的研究,为数字普惠金融发展战略的必要性做出了实证检验。②数字普惠金融发展迅速离不开政府的财政支持,为了明晰政府参与带来的影响,本章以财政部2016年发布的《普惠金融发展专项资金管理办法》为时间节点,考虑该时间节点前后的地区创新水平,分析相关财政支持文件出台后数字普惠金融对地区创新的影响变化。进一步拓展了数字普惠金融对创新的相关研究,为市场如何发挥其有效性、政府如何更好地调控市场、两者如何更进一步结合提供了经验依据。

本章余下安排如下:第二节回顾数字普惠金融、地区创新与政府干预相关的研究文献,并基于以往研究经验提出本章的研究假设;第三节介绍研究所需数据、变量以及模型;第四节分析数字普惠金融发展对地区创新的影响;第五节探讨财政支持与地区金融发展水平不匹配所带来的影响变化;第六节为本章的结论。

第二节 文献综述与研究假设

一、金融发展与创新

金融发展的具体体现为金融结构的日渐完善、金融功能的健全以及金融效率的提高(杨伟中等,2020)。现代经济体系的发展需要金融的助力,金融体系能够利用其特有的资本集聚和分散配置功能提升和促进微观和宏观经济的运行效率。学者们早在研究英国工业革命的原因时就已经发现,金融在经济转型和发展过程中扮演了重要角色。白芝浩(1973)指出,金融体系为工业革命孕育过程中的大型工业项目融资,从而推动了工业革命的发生。希克斯(1969)更进一步指出英国在工业革命中使用的先进技术在工业革命之前就已经被发明出来,真正引发工业革命的是当时英国全球领先的金融体系。

现有研究普遍认为金融发展能够有效提升经济运行效率,促进经济发展(阿齐兹和丁瓦尔德,2002;让纳内等,2006;布朗等,2009;杨伟中等,2020)。以上学者认为金融发展影响经济运行主要存在于三个方面:其一,建设成熟的金融市场能够有效识别市场中创新成功率高的企业家,进而能够利用多种融资渠道为其提供资金支持,实现国家技术进步;其二,金融机构在逐步完善发展的过程中发现先进的企业能为其带来更丰厚的回报,因此在进行资源配置时会更倾向于对先进企业进行配置,以提升资源配置效率;其三,健全的金融体系能够通过风险监管、分散投资、规模效应等途径减少金融摩擦和信息不对称成本,进而实现金融高效地服务实体经济创新发展的作用。让纳内等(2006)的研究结果显示,由于金融对非国有部门的金融支持有效地提升了经济效率。自我国改革开放开始,我国全社会投资格局逐渐由财政主导型转向金融主导型,金融逐步成为促进我国产业结构调整的重要抓手(陈峰,1996)。

熊彼特在其著作《经济发展理论》中指出,金融发展推动经济运行效率提升的一个关键路径在于促进技术创新。金融体系的健全有助于金融市场有效地发挥信息收集、资金分配、价值发现、风险分担等功能,进而提升企业创新水平(易信、刘凤良,2015;乔杜里和芒,2012;钱水土、周永涛,2011)。具体而言,乔杜里和芒(2012)研究表明,金融市场的发展可以有效发现并在一定程度上解决企业创新投资中的信息不对称问题,进而增加了创新投资的有效性。钱水土和周永涛(2011)指出,金融发展与技术进步之间存在显著的正相关关系。此外,金融发展能够实现交易成本的降低,进而推动了社会储蓄的增加,提高了资金汇聚的效率,拓宽了企业创新的融资渠道(文武等,2018)。再者,金融体系越完善,越能够有效地分散投资,降低风险。考虑到企业的研发行为通常存在不确定性高、风险大、周期长等问题,金融体系能够把风险分担给有能力承受的投资者,并让投资者获得与高风险相匹配的投资收益,以此来为企业研发提供长期稳定的流动性供给(张一林等,2016)。

然而,之前由于我国资本市场的落后,识别机制不能有效发挥,导致金融市场的资本流动还存在显著的扶持落后产业的非市场行为,造成高成长企业融资受限(蔡红艳、阎庆民,2004)。特别的,我国长期存在较为严重的金融抑制现象(黄和王,2011),阻碍了金融服务实体经济的功能。即使普惠金融发展到了数字普惠金融阶段,且金融服务范围进一步提升、金融服务效率显著提高,但是我国中小微企业和民营企业获取的金融资源与其对我国经济发展以及技术进步所做的贡献之间仍然存在较大程度的不匹配现象(杨伟中等,2020)。

二、数字普惠金融与创新

随着金融服务与数字技术结合的愈加紧密,数字金融这种源于金融创新而诞生的新概念开始备受学界和业界关注。由于数字技术所带来的低成本、广覆盖、安全性等优势,使得数字金融天然具备普惠与精准的属性,使其能够有效地为金融排斥群体如中小微、民营企业等提供优质的金融服务。也正是因为数字金融能够更有效地实现金融服务普惠性,因此推动普惠金融进入了数字普惠金融阶段。2016年G20峰会提出的《G20数字普惠金融高级原则》,成为首个全球公认的推广数字普惠金融的共同纲领(滕磊、马德功,2020)。

由于数字普惠金融的产生扩展了金融服务的深度和广度,因此数字普惠金融的不断完善能够有效地缓解企业面临的融资约束(奥齐尔,2018;万佳彧等,2020)。在这样的背景下,数字普惠金融能否有效地促进创新受到学界的广泛关注,不同学者开始从不同角度、不同机制来分析数字普惠金融发展对创新的影响(谢绚丽等,2018;唐松等,2020;滕磊、马德功,2020;谢雪燕、朱晓阳;2021)。

企业开展研发过程中需要长期持续的资金支持,仅仅依赖企业内部资金通常难以满足研发需要,因此外源融资是企业创新过程中不可或缺的渠道(霍尔,2002)。而数字普惠金融的发展为企业创新带来了转变,现有研究表明:

(1)数字普惠金融的发展能够拓宽企业融资来源,一定程度上能解决企业融资难、融资贵的问题。中国传统的金融结构中一直都是以银行为主导型,导致中小微企业通常因为种种因素被排斥在金融服务之外。普惠金融与数字技术的结合使得金融的服务门槛更低、应用范围更广,改善了金融的可得性和普惠性(张勋等,2019),使得金融服务能够惠及更多的"尾部群体",为中小企业提供了更多的融资渠道,缓解了中小企业融资约束,为企业创新提供了资金支持(滕磊、马德功,2020;谢雪燕、朱晓阳,2021)。

(2)数字金融的发展拉动消费,促进消费结构的升级,提高了中小企业的销售收入,促进了技术创新。数字金融的发展引起消费总量和结构的变化。数字金融,尤其是网络支付推动了电子商务发展,促进了我国网络购物的快速发展。此外,数字金融促进了金融服务包容性增长,互联网理财满足了中低收入群体的投资需求,农户经营性贷款使原来无法获得贷款的低收入群体获得了信贷支持,增加了欠发达地区和农村人口的收入,并促进其消费(李等,2019)。一方面,消费总量的提升、消费结构的升级、消费种类的多样化不仅提升了中小企业的营业收入,而且促进了技术创新。另一方面,消费水平的增加和多样化的消费形式为中小企业创造了市场机会。究其原因,大企业的优势在于标准化和规模经济,小企业更为灵活,能够根据不断变化的市场需求做出调整以满足多样化的消费需求。

(3)数字普惠金融通过信息处理、人工智能等手段,有效提升了金融服务效率,降低了信息不对称水平,在降低金融服务获取成本的同时提升了风控能力。依托大数据、云计算、人工智能等手段,金融机构不仅能够对服务对象的相关数据进行准确抓取,并且能够高效的进行数据分析处理,既提升了信息筛选能力,又提高了风险评估能力,使得金融机构对金融服务对象有更准确的掌握(唐松等,2019;谢雪燕、朱晓阳,2021)。

基于以上分析,提出本书的第一个假设。

假设1:数字普惠金融的发展能够有效推动我国区域创新。

三、政府财政支持、数字普惠金融与创新

中国作为一个区域发展差异极为明显的发展中国家,区域创新活动的异质性尤其突出,提升国家创新能力必须不遗余力地强化区域创新系统建设(李政、杨思莹,2018a)。在中国特色社会主义市场经济体制下,政府和市场两种基本的资源配置模式是中国改革开放以来经济社会发展的典型事实特征。地方政府作为参与区域创新系统建设的重要主体,其行为对区域创新活动产生深远影响(白俊红、蒋伏心,2015;李政、杨思莹,2018b)。政府对创新的偏好直接反映了政府对科技创新活动的支持力度,在众多创新资源配置方式中,财政支持无疑是政府参与区域创新系统建设的基本手段(李,2011)。

当前学界对政府财政支持与企业创新活动的关系还存在较大分歧,一类文献强调了政府财政补贴对企业创新活动的积极作用(恰尼克、霍滕罗

特,2011;郭等,2016;陆国庆等,2014),而另一类文献则发现政府财政补贴会挤出企业自身创新投入,从而对企业创新活动产生消极作用(阿西莫格鲁等,2018;李万福等,2017)。

然而以财政支持数字普惠为视角,来分析政府财政支持普惠金融发展是否有助于创新的分析还有所欠缺。2015年12月31日,国务院印发的《推进普惠金融发展规划(2016—2020)》明确提出"……优化完善财政支持普惠金融发展方式,更好发挥财政资金引导撬动作用,切实提高普惠金融服务水平,推动大众创业、万众创新……"2016年9月24日,财政部印发《普惠金融发展专项资金管理办法》,开始统一拨付资金用以助推普惠金融发展,根本目的在于进一步提高普惠金融特性,真正发挥金融服务实体经济的功能,实现创新推动发展。

因此本书提出假设2:政府的财政支持有效地促进了普惠金融推动区域创新发展的能力。

第三节 研究设计

一、数据来源

受限于数字普惠金融指数的可得性,本章研究样本的时间区间为2011年至2018年,选取全国31个省份与直辖市(除港澳台外)作为主要研究对象。各变量数据的主要来源:一是各省份发展情况、产业结构、居民消费储蓄水平等数据来自中国统计局;二是各省份区域性创新统计数据来自于CNRDS数据库;三是各省份数字普惠金融指数来自于北京大学数字金融研究中心与蚂蚁金服集团联合发布的中国数字普惠金融数据。本节对数据进行分析,排除异常值干扰,最终获得248个省市/年度观测值。

二、变量定义

(一) 解释变量

选用北京大学数字普惠金融指数作为普惠金融的代理变量,其中主要包括数字普惠金融指数、数字金融覆盖广度指数和数字金融使用深度指数。在解释变量的构建上,笔者首先将各省份的数字普惠金融指数加1然后取对数,构建普惠金融指数(I_{t-1}),进一步将数字金融覆盖广度和数字金融使用深度加1取对数,分别构建普惠金融广度(B_{t-1})与普惠金融深度(D_{t-1})。为避免同期数据之间的相关影响,笔者对所有解释变量取一阶滞后。

(二) 被解释变量

根据以往研究,笔者将专利作为企业技术创新的替代变量,将各省市专利申请总数与获得总数加1取对数后分别构建地区申请值(A_{t-1})与地区获取值(O_{t-1})。此外,在所有专利中,发明专利被认为含金量最高,也最能代表企业技术创新能力,因此笔者进一步将发明与实用新型创新定义为高质量创新,将外观设计类创新定义为低质量创新。依照以上判断,笔者将地区专利数量与实用型创新申请数量之和加1取对数构建高质量申请值($A_{high,t}$);地区外观设立类创新申请数量加1取对数构建低质量申请值($A_{low,t}$);地区专利数量与实用型创新数量之和加1取对数构建高质量获取值($O_{high,t}$);地区外观设立类创新获得数量加1取对数构建低质量获取值($O_{low,t}$)。本节利用这六个指标来代理区域创新发展情况。

(三) 控制变量

选用以下控制变量:城镇化(U_{t-1})是各省份城镇人口总数除以常住人口总数,可以用来衡量地区城市发展指数对区域创新的影响。金融发展水平($D_{ev,t-1}$)是各省份年末金融机构人民币存款余额除以地区生产总值(万元),控制传统金融发展对区域创新的影响。居民储蓄水平($D_{ep,t-1}$)是各省份居民人民币储蓄存款余额除以地区生产总值(万元),控制居民储蓄水平的影响。居民消费水平($U_{s,t-1}$)是各省份社会消费品零售总额除以地区生产总值,控制居民消费水平的影响。对外开放程度($O_{p,t-1}$)是各省份所在地进出口总额除以地区生产总值,控制对外开放水平与地区创新的影响。第二产业($I_{nd2,t-1}$)是各省份第二产业生产总值占地区生产总值的比例。第三产业($I_{nd3,t-1}$)是各省份第三产业生产总值占地区生产总值的比例。变量一览表如表6-1所示。

表6-1 变量一览表

变量名称	变量符号	变量含义
地区申请值	A_{t-1}	i省份t年度创新申请数量加1取对数
地区获取值	O_{t-1}	i省份t年度创新获取数量加1取对数
高质量申请值	$A_{high,t}$	i省份t-1年度专利数量与实用创新申请数量之和加1取对数
低质量申请值	$A_{low,t}$	i省份t-1年度外观设计创新申请数量加1取对数
高质量获取值	$O_{high,t}$	i省份t-1年度专利数量与实用创新获取数量之和加1取对数
低质量获取值	$O_{low,t}$	i省份t-1年度外观设计创新获取数量加1取对数

续表

变量名称	变量符号	变量含义
普惠金融指数	I_{t-1}	i 省份 $t-1$ 年度数字普惠金融指数加 1 取对数
普惠金融广度	B_{t-1}	i 省份 $t-1$ 年度数字普惠金融广度加 1 取对数
普惠金融深度	D_{t-1}	i 省份 $t-1$ 年度数字普惠金融深度加 1 取对数
城镇化	U_{t-1}	i 省份 $t-1$ 年度城镇人口除以常住人口
金融发展水平	$D_{ev,t-1}$	i 省份 $t-1$ 年度金融机构存款除以地区生产总值(万元)
居民储蓄水平	$D_{ep,t-1}$	i 省份 $t-1$ 年度居民储蓄存款余额除以地区生产总值(万元)
居民消费水平	$U_{s,t-1}$	i 省份 $t-1$ 年度社会消费品零售总额除以地区生产总值
对外开放程度	$O_{p,t-1}$	i 省份 $t-1$ 年度进出口总额除以地区生产总值
第二产业	$I_{nd2,t-1}$	i 省份 $t-1$ 年度第二产业生产总值除以地区生产总值
第三产业	$I_{nd3,t-1}$	i 省份 $t-1$ 年度第三产业生产总值除以地区生产总值

三、实证模型

由于本节研究的被解释变量是哑变量形式,因此在实证研究中,主要通过构建以下OLS模型进行实证检验:

$$Y_t = \beta_0 + \beta_1 X_{t-1} + rC_{on,t-1} + \alpha_j + \lambda_t + \varepsilon_{i,t} \tag{1}$$

$$Y_t = \beta_0 + \beta_1 X_{t-1} + \beta_2 G_{t-1} + \beta_3 X_{t-1} \times G_{t-1} + rC_{on,t-1} + \alpha_j + \lambda_t + \varepsilon_{i,t} \tag{2}$$

在模型(1)中,Y_t 分别表示地区申请值(A_{t-1})、地区获取值(O_{t-1})、高质量申请值($A_{high,t}$)、低质量申请值($A_{low,t}$)、高质量获取值($O_{high,t}$)、低质量获取值($O_{low,t}$)。X_{t-1} 分别表示普惠金融指数(I_{t-1})、普惠金融广度(B_{t-1})、普惠金融深度(D_{t-1})。β_1 表示普惠金融对各省份创新的影响,α_j 表示行业固定效应,λ_t 表示时间固定效应,$\varepsilon_{i,t}$ 表示异方差稳健的标准误。$C_{on,t-1}$ 表示一系列控制变量,具体变量定义汇报在表6-1中。模型(2)在模型(1)的基础上,增加了分组变量(G_{t-1}),以及分组变量和解释变量的交互项,β_3 表示分组变量对解释变量与被解释变量之间关系的影响。

第四节 实证分析

一、描述性统计

根据表6-2描述性统计结果可以发现,我国各地区创新差异程度较大,对数化后专利获取值最小值为4.431,最大值却为13.070,两者之间存在数倍差距。地区专利获取值均值为9.740,中位数为9.697,表明样本存在左偏现象。

此外,数字普惠金融指数对数化后最小值为2.846,最大值为5.937,也表明我国不同地区数字普惠金融发展存在差异。数字普惠金融指数均值为5.073,中位数为5.323,虽然样本左偏,但与左尾数据相比较,可以发现数字普惠金融发展平均水平较高,表明我国数字普惠金融发展水平较高。进一步细分,数字普惠金融深度和数字普惠金融广度两者与数字普惠金融指数的特点类似。

在控制变量方面,城镇化水平指数均值为0.561,标准差为0.132,波动较小;金融发展水平、居民储蓄水平和居民消费水平均值均大于其中值,样本右偏,表明各地经济发展不均衡,发展水平不及平均水平的地区较多;对外开放程度均值为0.279,标准差为0.301,波动较大;第二产业、第三产业均值分别为0.417和0.483,标准差为0.080和0.089,波动较小。具体描述性统计信息见表6-2。

表6-2 描述性统计

变量	样本量	平均值	标准差	最小值	中位数	最大值
地区专利获取值	217	9.740	1.647	4.431	9.919	13.070
高质量获取值	217	9.470	1.639	3.714	9.697	12.680
低质量获取值	217	8.134	1.760	3.296	8.171	12.000
普惠金融指数	217	5.073	0.670	2.846	5.323	5.937
普惠金融广度	217	4.900	0.829	1.085	5.171	5.872
普惠金融深度	217	5.059	0.638	2.049	5.184	5.995
城镇化	217	0.561	0.132	0.227	0.546	0.896
金融发展水平	217	1.754	0.705	0.756	1.574	4.935
居民储蓄水平	217	0.732	0.230	0.000	0.726	1.402
居民消费水平	217	0.410	0.084	0.255	0.398	0.739
对外开放程度	217	0.279	0.301	0.018	0.145	1.464
第二产业	217	0.417	0.080	0.165	0.431	0.620
第三产业	217	0.483	0.089	0.327	0.473	0.831

二、相关系数表

表6-3列出了变量间的皮尔森相关系数矩阵和斯皮尔曼相关系数矩阵,可以看出各变量之间的相关系数绝对值较小,初步判断出各变量之间不存在多重共线性问题,所以模型无须进一步修正。从核心解释变量和被解释变量的系数来看,数字普惠金融发展与区域创新呈现显著正相关。此外,数字普惠金融深度和广度均能对区域创新产生显著的正向影响。

表 6-3 相关系数表

	获得	获得数量	获得外观	普惠金融指数	普惠金融广度	普惠金融深度	城镇化	金融发展水平	居民储蓄水平	居民消费水平	对外开放程度	第二产业	第三产业
获得	1.000	0.995***	0.958***	0.447***	0.454***	0.522***	0.588***	0.144**	0.194***	0.296***	0.568***	0.259***	0.075
		[0.000]	[0.000]	[0.000]	[0.000]	[0.000]	[0.000]	[0.024]	[0.002]	[0.000]	[0.000]	[0.000]	[0.241]
获得数量	0.994***	1.000	0.929***	0.475***	0.483***	0.547***	0.610***	0.165***	0.216***	0.323***	0.566***	0.227***	0.109*
	[0.000]		[0.000]	[0.000]	[0.000]	[0.000]	[0.000]	[0.009]	[0.001]	[0.000]	[0.000]	[0.000]	[0.086]
获得外观	0.961***	0.929***	1.000	0.347***	0.348***	0.429***	0.472***	0.051	0.115*	0.209***	0.524***	0.341***	−0.044
	[0.000]	[0.000]		[0.000]	[0.000]	[0.000]	[0.000]	[0.422]	[0.070]	[0.001]	[0.000]	[0.000]	[0.490]
普惠金融指数	0.394***	0.418***	0.311***	1.000	0.990***	0.947***	0.460***	0.303***	0.201***	0.243***	0.091	−0.381***	0.582***
	[0.000]	[0.000]	[0.000]		[0.000]	[0.000]	[0.000]	[0.000]	[0.001]	[0.000]	[0.155]	[0.000]	[0.000]
普惠金融广度	0.421***	0.448***	0.330***	0.976***	1.000	0.925***	0.505***	0.334***	0.229***	0.238***	0.121*	−0.373***	0.597***
	[0.000]	[0.000]	[0.000]	[0.000]		[0.000]	[0.000]	[0.000]	[0.000]	[0.000]	[0.058]	[0.000]	[0.000]
普惠金融深度	0.466***	0.486***	0.395***	0.955***	0.925***	1.000	0.480***	0.279***	0.166***	0.230***	0.174***	−0.321***	0.549***
	[0.000]	[0.000]	[0.000]	[0.000]	[0.000]		[0.000]	[0.000]	[0.009]	[0.000]	[0.006]	[0.000]	[0.000]
城镇化	0.589***	0.611***	0.485***	0.371***	0.429***	0.388***	1.000	0.426***	0.357***	0.318***	0.637***	−0.028	0.385***
	[0.000]	[0.000]	[0.000]	[0.000]	[0.000]	[0.000]		[0.000]	[0.000]	[0.000]	[0.000]	[0.661]	[0.000]

续表

	获得	获得数量	获得外观	普惠金融指数	普惠金融广度	普惠金融深度	城镇化	金融发展水平	居民储蓄水平	居民消费水平	对外开放程度	第二产业	第三产业
金融发展水平	0.120*	0.134**	0.061	0.273***	0.292***	0.256***	0.560***	1.000	0.745***	0.253***	0.258***	−0.285***	0.540***
	[0.059]	[0.034]	[0.337]	[0.000]	[0.000]	[0.000]	[0.000]		[0.000]	[0.000]	[0.000]	[0.000]	[0.000]
居民储蓄水平	0.245***	0.278***	0.132**	0.236***	0.268***	0.190***	0.377***	0.561***	1.000	0.436***	0.137**	−0.035	0.138*
	[0.000]	[0.000]	[0.037]	[0.000]	[0.000]	[0.003]	[0.000]	[0.000]		[0.000]	[0.031]	[0.580]	[0.030]
居民消费水平	0.222***	0.248***	0.137**	0.229***	0.231***	0.218***	0.207***	0.167***	0.485***	1.000	0.117*	−0.067	0.108*
	[0.000]	[0.000]	[0.031]	[0.000]	[0.000]	[0.001]	[0.001]	[0.008]	[0.000]		[0.066]	[0.292]	[0.088]
对外开放程度	0.478***	0.467***	0.468***	0.098	0.154**	0.156**	0.787***	0.575***	0.159**	0.004	1.000	0.046	0.196***
	[0.000]	[0.000]	[0.000]	[0.123]	[0.015]	[0.014]	[0.000]	[0.000]	[0.012]	[0.944]		[0.469]	[0.002]
第二产业	0.218***	0.194***	0.272***	−0.304***	−0.271***	−0.285***	−0.218***	−0.531***	−0.066	−0.092	−0.229***	1.000	−0.782***
	[0.001]	[0.002]	[0.000]	[0.000]	[0.000]	[0.000]	[0.001]	[0.000]	[0.302]	[0.147]	[0.000]		[0.000]
第三产业	0.088	0.106*	0.020	0.410***	0.398***	0.402***	0.558***	0.800***	0.205***	0.062	0.571***	−0.813***	1.000
	[0.169]	[0.095]	[0.751]	[0.000]	[0.000]	[0.000]	[0.000]	[0.000]	[0.001]	[0.333]	[0.000]	[0.000]	

注:(1)括号内的数值为回归系数的标准差;

(2)"*""**""***"分别代表在10%、5%、1%的显著水平下显著。

三、基准回归结果

基于模型(1),在控制了可能影响地区创新水平的其他因素后,研究数字普惠金融发展对地区创新水平的影响。表6-4汇报了基准回归结果。结果显示,数字普惠金融指数对地区创新水平(地区创新专利获得数量)的回归系数为0.281,在10%的水平上显著,说明随着数字普惠金融的发展,地区创新水平得到显著提升,数字普惠金融在推动经济发展过程中能够起到创新驱动的功能。这与现有研究结论一致,徐子尧(2020)研究发现数字普惠金融一方面通过改善地区信贷资源配置缓解地区内企业的融资约束,促进地区创新水平;另一方面,数字普惠金融的发展也能够通过促进地区居民消费水平上升和消费质量提高,进而提升地区创新水平。基准回归得出的结论与假设1结果一致,支持数字普惠金融发展能够提升地区创新水平的观点。

控制变量方面,我们发现居民储蓄水平能够显著提升地区创新水平,即居民储蓄越多,地区创新水平越高。居民消费水平对地区创新水平有显著的负向影响。第二产业水平越高,地区创新水平越高。其他控制变量对地区创新水平的影响并不显著。

表6-4 基准回归结果

	(1)
	获得
普惠金融指数	0.281*
	(1.658)
城镇化	−0.060
	(−0.038)
金融发展水平	−0.067
	(−0.392)
居民储蓄水平	0.791*
	(1.841)
居民消费水平	−2.649***
	(−3.267)
对外开放程度	0.103
	(0.300)
第二产业	3.761**

续表

	(1)
	(2.486)
第三产业	1.705
	(0.968)
常数	7.214***
	(3.178)
年份固定效应	Yes
个体固定效应	Yes
R^2（拟合优度）	0.992
样本量	217

注：(1)括号内的数值为回归系数的标准差；

(2)"*""**""***"分别代表在10%、5%、1%的显著水平下显著。

四、稳健性分析

（一）替换解释变量

数字普惠金融指数的编辑来自于北京大学数字金融研究中心，该中心除了编制全面的数字普惠金融指数之外，还考虑了数字普惠金融的广度和深度。其中，广度是为了了解数字普惠金融覆盖面，而深度是为了了解数字普惠金融的使用频率。笔者采用数字普惠金融的深度和广度指标来代替模型(1)中的数字普惠金融指数，并对模型进行回归，回归结果如表6-5所示。结果发现，数字普惠金融的深度对地区创新水平的影响显著为正，系数为0.340，并且在1%的水平上显著，而普惠金融广度与地区创新水平并不存在显著的相关关系。这表明，要想真正发挥数字普惠金融对于地区创新驱动的作用，必须加强对数字普惠金融深度的推进力度。在数字普惠金融推广初期，部分金融机构推广业务实行优惠政策，例如办业务送奖品之类的活动。虽然大幅提高了普惠金融的广度，但存在较多敷衍注册、"一次性"登录行为，造成数字普惠金融虚假覆盖，只有切实让广大群体都使用了数字普惠金融，才能发挥数字普惠金融的作用。

表6-5 数字普惠金融的广度和深度

	(1)	(2)
	获得	获得

续表

	(1)	(2)
普惠金融深度	0.340***	
	(2.822)	
普惠金融广度		0.080
		(1.175)
城镇化	0.630	−0.096
	(0.444)	(−0.059)
金融发展水平	−0.051	−0.062
	(−0.312)	(−0.367)
居民储蓄水平	0.647	0.825*
	(1.565)	(1.892)
居民消费水平	−2.629***	−2.651***
	(−3.361)	(−3.139)
对外开放程度	0.111	0.218
	(0.333)	(0.630)
第二产业	4.523***	3.642**
	(3.576)	(2.378)
第三产业	2.684*	1.475
	(1.836)	(0.804)
常数	5.479***	8.069***
	(2.903)	(3.656)
年份固定效应	Yes	Yes
个体固定效应	Yes	Yes
R^2(拟合优度)	0.992	0.991
样本量	217	217

注：(1)括号内的数值为回归系数的标准差；

(2)"*""**""***"分别代表在10%、5%、1%的显著水平下显著。

(二) 替换被解释变量

在主回归分析中，笔者从创新产出的角度进行探讨，采用专利授权数量作为地区创新水平的代理指标。然而，从创新产出的角度来看，除了可以引用专利授权数量外，还有学者从创新申请的角度进行分析，将创新申请数量多少作为衡量当地创新水平高低的标准(李政、杨思莹,2018)。因此,笔者使用创新申请数量替换模型(1)中被解释变量,代入回归后结果如表6-6所示。根据表中的回归结果可以看出,数字普惠金融指数对地区创新水平的回归系数为0.449,并且在1%的水平上显著,这表明数字普惠金融的发展能够有效促进地区创新水平,回归结果与主回归结果一致,验证了上文结果稳健。

表6-6 专利申请数量

	(1)
	申请
普惠金融指数	0.449***
	(3.762)
城镇化	0.543
	(0.403)
金融发展水平	0.013
	(0.082)
居民储蓄水平	0.561*
	(1.838)
居民消费水平	−2.246***
	(−3.444)
对外开放程度	0.096
	(0.268)
第二产业	5.739***
	(4.932)
第三产业	2.871**
	(2.013)
常数	4.820***
	(2.757)
年份固定效应	Yes
个体固定效应	Yes
R^2(拟合优度)	0.993
样本量	217

注:(1)括号内的数值为回归系数的标准差;

(2)"*""**""***"分别代表在10%、5%、1%的显著水平下显著。

五、进一步分析

（一）政府财政支持的作用影响

普惠金融作为我国国家级战略规划，其良好发展离不开国家政策的支持，尤其是财政政策的支持。正是因为政府持续的财政支持，我国数字普惠金融发展居于世界前列。财政支持是政府参与推动普惠金融发展最重要的手段之一，财政部在2016年发布《普惠金融发展专项资金管理办法》，并开始统一拨付资金用以助推普惠金融发展。受惠于政府财政的支持，各金融机构能够在低风险、低成本的环境下开展普惠金融试点工作，政府财政支持为普惠金融的顺利推行提供了保障。为了验证政府财政支持能否真正推动数字普惠金融发挥作用，本部分以2016年作为分界点，建立模型（2）以分析财政支持的作用。具体回归结果见表6-7。可以看到交乘项与地区创新水平代理变量的回归系数为0.416，并且在10%的水平上显著。研究结果表明财政支持有助于提升普惠金融推动创新发展的作用，这可能是由于政府的财政支持降低了地区内中小企业的融资约束水平，进而促进地区创新水平。数字普惠金融的发展，不仅仅扩大了金融服务的覆盖面，还深化了金融服务的深度，金融服务的边界得以扩展，金融服务功能得到有效改善。数字普惠金融能够有效地将金融服务惠及中小微企业，促使中小微企业得以发展。企业作为经济的微观个体，是各地区区域创新的核心，地区创新更多的是源于地区中小企业创新水平。财政支持能够为金融机构开展数字普惠金融服务提供贴息或者风险补偿等支持，增加了金融机构对中小微企业的普惠金融力度，使得数字普惠金融的创新推动作用更加显著。

表6-7　财政支持前后数字普惠影响变化

	(1)
	获得
普惠金融指数	0.259***
	(5.078)
2016年后	−2.190
	(−1.620)
交乘项	0.416*
	(1.694)
城镇化	5.968***

续表

	(1)
	(4.634)
金融发展水平	0.084
	(0.504)
居民储蓄水平	0.389
	(0.977)
居民消费水平	−1.433**
	(−2.009)
对外开放程度	−0.362
	(−1.034)
第二产业	5.608***
	(4.545)
第三产业	5.044***
	(3.704)
常数	−0.611
	(−0.416)
个体固定效应	Yes
R^2(拟合优度)	0.989
样本量	217

注:(1)括号内的数值为回归系数的标准差;

(2)"*""**""***"分别代表在10%、5%、1%的显著水平下显著。

(二) 创新维度的异质性分析

在所有专利中,外观型专利通常被认为是含金量较少的专利类型,并不能较好地代表企业的技术创新能力,而发明型专利和实用型专利更能衡量企业的创新水平,代表企业技术创新的能力。因此笔者进一步将发明与实用新型创新定义为高质量创新,将外观设计类创新定义为低质量创新。根据不同创新维度对研究样本进行区分,来分析数字普惠金融发展对区域创新影响的异质性,具体回归结果如表6-8所示。可以发现数字普惠金融指数对高质量创新的回归系数为0.269,并在5%的水平上显著,表明数字普惠金融发展有助于高质量的区域创新。而数字普惠金融指数与低质量创新之间并没有显著的统计关系,表明数字普惠金融的发展并不能显著地影响低质量创新的变化。通过研究结果,可以发现数字普惠金融的发展不仅仅改善了地区信贷配置情况、刺激了地区居民消费提升、提升了金融创新水平,而且在多维度的机制下为企业创新提供了良好环境。企业在这样的背景下,会更倾向于研发高质量的创新成果以实际促进自身发展,为地区高质量创新提供助力,真正实现创新推动发展的目的。

表6-8 不同创新维度的异质性分析

	(1) 获得数量	(2) 获得外观
普惠金融指数	0.269**	0.166
	(2.203)	(0.539)
城镇化	−0.096	4.421
	(−0.064)	(1.582)
金融发展水平	−0.275	0.435
	(−1.583)	(1.645)
居民储蓄水平	0.938**	0.044
	(2.600)	(0.069)
居民消费水平	−2.699***	−1.515
	(−3.591)	(−1.205)
对外开放程度	−0.039	−0.337
	(−0.126)	(−0.532)
第二产业	0.330	14.838***
	(0.261)	(5.342)
第三产业	−2.791*	14.880***
	(−1.767)	(4.701)
常数	11.753***	−10.703***
	(5.462)	(−2.812)
年份固定效应	Yes	Yes
个体固定效应	Yes	Yes
R^2(拟合优度)	0.993	0.975
样本量	217	217

注:(1)括号内的数值为回归系数的标准差;
(2)"*""**""***"分别代表在10%、5%、1%的显著水平下显著。

(三) 地区金融发展水平的异质性分析

金融发展程度不同,会导致区域内金融服务功能供给有效性的不同,通常认为,在金融发展领先的地区,其金融机构能够传递和获得借款企业信息,以信息评估的方式来对企业进行合理授信。但是对于金融发展水平较差的地区,信息不对称可能使企业融资难度增加(余明桂、潘红波,2008)。金融体系的发展有利缓解信息不对称,因而企业获得长期贷款可能性就会增加(Barclay & Smith,1995)。因此对于不同金融发展水平而言,数字普惠金融的创新推动作用可能存在区别。笔者参考王小鲁等(2016)的研究,按照金融市场化发展水平进行划分,构建金融发展水平虚拟变量,高于年度中位数的省份取值为1,低于年度中位数的省份取值为0。将交乘项代入模型(1)后回归结果如表6-9所示,可以发现数字普惠金融指数与地区金融发展水平交乘项对地区创新水平的回归系数为−0.151,并在1%的水平上显著,研究结果表明,数字普惠金融发展的创新推动作用在金融发展水平较差的地区更为明显。这可能是由于数字普惠金融发展的根本目的在于推动金融服务惠及普惠金融重点服务对象。而金融发展水平较差的地区本身就是数字普惠金融重点关注点,因此会受到更多的数字普惠金融支持。

表6-9　地区金融发展水平的异质性分析

	(1)	(2)	(3)
	获得	获得数量	获得外观
普惠金融指数	0.141	0.150	−0.039
	(0.797)	(1.164)	(−0.116)
地区金融发展水平	0.727**	0.619***	1.067*
	(2.568)	(2.608)	(1.772)
交乘项	−0.151***	−0.129***	−0.222*
	(−2.960)	(−2.936)	(−1.965)
城镇化	0.060	0.008	4.601*
	(0.040)	(0.006)	(1.655)
金融发展水平	−0.066	−0.274	0.437
	(−0.375)	(−1.552)	(1.609)
居民储蓄水平	0.689	0.851**	−0.106
	(1.491)	(2.217)	(−0.151)
居民消费水平	−2.162**	−2.285***	−0.801

续表

	(1)	(2)	(3)
	(−2.508)	(−3.059)	(−0.543)
对外开放程度	0.061	−0.074	−0.398
	(0.182)	(−0.254)	(−0.630)
第二产业	4.732***	1.151	16.253***
	(2.850)	(0.873)	(5.250)
第三产业	2.513	−2.108	16.059***
	(1.403)	(−1.376)	(4.839)
常数	6.754***	11.367***	−11.368***
	(3.020)	(5.576)	(−2.842)
年份固定效应	Yes	Yes	Yes
个体固定效应	Yes	Yes	Yes
R^2(拟合优度)	0.992	0.993	0.976
样本量	217	217	217

注:(1)括号内的数值为回归系数的标准差;

(2)"*""**""***"分别代表在10%、5%、1%的显著水平下显著。

第五节　结论与建议

伴随着普惠金融进入数字普惠阶段,金融服务与数字技术的结合为普惠金融带来了改变。借助数字技术的深度应用和创新,成本可覆盖、风险可控制、信息不对称等普惠金融传统难题有了新的解决方案,同时,解决以上难题能够有效地推动普惠金融进一步发展。在政府的财政支持下,我国数字普惠金融的发展已经居于世界前列。基于此背景,本章研究了数字普惠金融的发展对地区创新的促进作用,并且结合财政支持的作用,探讨了2016年财政部印发《普惠金融发展专项资金管理办法》后数字普惠金融发展与创新之间的关系是否改变。研究结果表明:①数字普惠金融的发展能够对地区创新产生显著的正向作用,其中,影响地区创新的作用体现在数字普惠发展的深度,而非广度。②财政支持显著提升了数字普惠金融的创新推动作用,有助于数字普惠金融更好地推动创新发展。③数字普惠金融主要推动的是地区高质量创新,而非地区外观型创新发展。④在根据地区金融发展情况进行分类后研究发现,数字普惠金融发展的创新推动作用对金融发展水平较差地区的影响更显著。

本章的研究从数字普惠金融的角度探讨了地区创新的影响因素,并且结合财政支持来分析政府在普惠金融促进地区创新中所扮演的角色,能够给政府部门提供一定的借鉴和参考,有利于政府合理定位,使市场和政府在不同领域和不同层次充分发挥各自的作用,同时,研究也为金融机构发展数字普惠金融提供方向,具有重要意义。第一,本章的研究结果说明数字普惠金融的发展能够促进地区创新水平,这为发展普惠金融的意义提供实证支撑。政府应鼓励金融机构大力推进科技与金融进一步深度融合,加强征信体系建设,加大信息化基础设施建设力度,着力打破数字壁垒和信息"孤岛",从根本环节清除数字普惠金融发展障碍,为地区创新驱动发展打下坚实的基础。第二,政府的财政支持有益于促进数字普惠金融的创新推动作用。因此,要进一步发挥政府在推动普惠金融中的作用,政府须通过建立健全金融基础设施,完善法律法规、监管体制,为普惠金融发展打造良好的生态环境,最终形成有效的市场和有为的政府互为补充、良性互动的局面。第三,根据各地金融发展水平进行分组研究发现,不同地区数字普惠金融发挥的作用不同。各地政府在推动数字普惠金融发展时,需要依据本地实际情况,制定差异化的数字普惠金融发展计划。

第七章 优化财政支持普惠金融可持续发展的方式

第一节 新时代普惠金融可持续发展中的政府定位思考

一、普惠金融高质量发展成为新时代重要任务

在政府的扶持引导下,近几年来我国的普惠金融取得了较为显著的发展,然而在飞速发展的同时,许多问题也随之凸显出来。例如在我国偏远地区普惠金融的基础设施建设不完善、征信体系不健全、政策覆盖不全面、金融欺诈等。

(1) 金融资源的分配问题尚未根本解决,金融资源分配不均的问题遍布在不同地区和不同领域中,过度供给和稀缺还存在。在去杠杆的大背景下,尽管财政给予了许多支持,但银行出现了信贷结构性收紧,房地产、基础设施等信贷资源实际上并没有获得足够的信贷供给。

(2) 普惠金融有关的数据统计指标需要结合实际进行完善,数据的失真问题需要得到解决。在数据爆炸的时代,信息共享和数据衔接的机制尤为重要。因为在数据分享与分析的过程中,由于各个部门或机构之间采用的统计口径不一致、统计指标有所差异,结果自然也不尽相同。由此导致的行为差异将不仅会扰乱市场的秩序,还将会影响到资金的放贷和优秀的中小企业的发展,进而影响乡村经济的振兴和发展。

(3) 普惠金融的主要目标是帮助各类群体获取金融资源和服务。而金融资源获取的主要途径就是通过征信体系,因此建立完善的信用信息体系是十分必要的。但是目前我国的征信体系并不健全,在数据量、广度等方面都不够,显而易见的一点是:大量的民众和小微企业因为缺少记录而不能由此获得金融资源和服务,即使他本身可能非常"诚信"。从这一点上来说,这一途径并没有使得金融体系发挥出"普惠性"的作用。

(4) 从数字普惠金融角度来看,数字普惠金融自实践以来,实现了飞跃式的发展,取得了显著的发展成效,其发展空间和市场空间也在不断扩大。

与此同时数字普惠金融也面临着一些挑战,如何找到我国自己的发展道路,完善优化发展过程? 就目前而言,数字金融的问题在于以下几个方面:

——从宏观体系来看,当前的征信体系不够完善,信息捕捉有待加强。在互联网金融高速发展的过程中,金融业不断对征信体系提出了新的要求。而我国的征信体系是以信贷为基础,以中国人民银行有关数据库作为主导、市场化的征信机构并存协同的多元化体系。这些信息在与法院等部门的相关信息衔接时,却出现缺失、冲突,甚至是无效的情况。

——从监管角度来看,有关政策的覆盖不完全,监管空白的问题依旧存在。数字普惠金融借由互联网跨越地域行业等障碍的同时,也给金融监管出了一道难题。从银保监会合并来看,我国目前的监管模式趋势是朝着混业监管的方向踏步,但分业监管的格局仍在,而这并不适合于数字金融的混业经营模式,即分业监管与混业经营之间存在着冲突。事实上,尽管我国正在不断地完善监管政策,但有关数字普惠金融的监管还存在着许多漏洞亟待解决。

——从用户方面来看,面临着金融欺诈和信息安全问题。数字技术不断促进着普惠金融的发展,数字普惠金融也逐渐成为许多机构服务商的一个重要发展方向,受益于技术的发展,数字普惠金融服务在广度和深度方面有了很大的提升。但正是由于数字技术的发展,用户的信息受到了威胁。网络欺诈行为日益猖獗,行骗者在短时间内吸纳大量资金,集资后"跑路",这些非法集资行为给用户造成了极大的损失和伤害。

(5)互联网金融企业发展是否合规。随着普惠金融的不断深入,互联网金融的发展超于想象,几年之间就有了打破旧有金融秩序的倾向,这使得传统的金融机构着手设想新的互联网金融战略。以蚂蚁金服、百度金融、腾讯金融科技等为代表的大型互联网金融为例,他们在许多领域进行了新尝试,取得了不错的效果,获得了较高的客户忠诚度,但随之也暴露了很多问题,其在金融方面的尝试是否有违金融风险的法律要求。互联网金融发展良莠不齐,打金融风险的"擦边球",试图逃避金融监管,这是监管部门需要治理整顿的一大难题。

二、有所为而有所不为的重新认识

政府的身份比较敏感,认清自我定位,思考自我方向,在普惠金融的发展过程中自己应当发挥什么样的职能。政府应该对自身的角色有明确认识,合理利用公共设施,与私人部门进行互动。仅仅依靠政府的扶持,一味调控而不顾市场情况和效率将会导致市场化运作受到影响,资源的使用效率大大降低。而完全放弃政府的职能,将希望完全寄希望于市场会导致不公平、不平衡的问题出现,一些贫困、偏远地区的中小企业、居民将始终得不到帮助,普惠金融本身就没有得到落实。

(1) 政府应做普惠金融发展的领路者。营造良好的普惠金融发展环境,其中包括良好的法律制度、监管环境、信息基础设施等。有关部门应继续在信用、支付、通信等方面加强支持与投入,为普惠金融的发展添砖加瓦。

(2) 政府应做普惠金融战略的制定者。政府、社会、金融机构等是普惠金融发展的参与者,但是由于各方对于普惠金融的认知尚处于一个初始阶段,一味地追求个体利益最大化将使得普惠金融的发展很难达到公平有效的状态。因此,政府应当挑起普惠金融战略制定的责任,研究有关战略和方针,从而有效引导有关的金融机构的行为。

(3) 政府应做金融机构的激发者。最大限度发挥现有技术的潜力。许多证据表明金融服务提供商间的合理竞争能够使得回报率较高,而金融机构之间若缺乏竞争将会使得企业获取合适金融服务的能力下降。政府可以引导打造一个充分竞争的市场氛围,并确保消费者能够充分进行选择和比较,金融机构的充分竞争性使得其不得不拿出最有利于消费者的产品价格和服务质量。此外,政府应该激发金融机构的创新性,引导其向一些尚未完善的领域竞争,通过竞争来发展相关的技术,使普惠金融向更普惠、更合理的方向发展。

(4) 政府应做市场秩序的维护者。无论是政府的宏观调控还是扶持行为,归根到底都是帮助市场更好地发挥其本身的调控能力。政府发挥的作用是营造良好的法律环境和社会环境,扶持偏远地区的普惠金融发展,推动新的数字金融的发展。同时,市场亦当充分发挥自身优势,合理配置资源,将低效率的、服务不合理的金融机构剔除出市场,让市场内机构间的竞争发挥出正向效应,推动普惠金融向着更加完善的方向发展。市场的竞争作用不仅仅体现在金融服务机构之间,同时也体现在金融机构所服务的各企业上。以银行来说,应当促进绩优的中小企业市场的竞争,改善自身的经营方式,及时地把握当地政府对中小企业的支持政策,当然这也要求政府对政策加以宣传。在了解政府的有关措施后,银行帮助中小企业开拓市场,培育优秀的中小企业,对有发展前景、有效益、有信用的中小企业要重点扶持。整个过程也是帮助中小企业发展提升的过程,为获得更多贷款,得到银行的"偏爱"和支持,中小企业必须要尽力发展自身。

为解决基础设施的相关问题,需要从以下几个方面入手:第一,提高农村地区的金融服务覆盖率。第二,提高农村金融服务的可获得性。政府应当完善特殊群体的无障碍金融服务,不断提高农村农业贷款的覆盖程度,保证人人都可以公平地享受到金融服务。大力支持新型农业经营主体信贷,对经营状况良好的农业主题给予扶持,推动农业和金融协同发展,提高农村地区的经济效率。第三,提高金融服务的满意度。各个金融机构需要合理利用金融工具,充分散发普惠金融带来的便利,加深农民对普惠金融的服务满足。此外应该差异化地设计信贷产品,对不同的主体提供特色的服务,为小微企业的申贷提供便利,提高其满意度。同时加强基础设施建设,尤其应注重开放的电子化支付系统建设,提高金融服务的使用性。我国在三方电子支付市场较为领先,大家熟知的支付宝支付在提高金融服务的效率方面有着重要的作用。当前的电子支付主要应用于日常生活当中,而其他的社会福利方面的支付则尚未得到普及。政府应充分发挥其职能,为普惠金融的发展助力,例如养老金和税金的支付均需要与政府衔接,得到政府的扶持和社会普遍的接受才能够普及。

在消费者权益保护方面,政府或法律法规仅仅是从外部入手,没有从内部提升金融消费者本身的水平和素养。目前来看,做到全面宣传金融知识教育、技术培养的国家并不多,然而大家的共识是政府应该重点关注提高金融素养的问题。这不仅关系到金融消费者的个人收益,同时也影响到其周边消费者的收益。普及金融知识,需要各个部门协同,不仅包括金融领域的部门,同时也涉及高校、教育部门和社会其他部门。在加强对金融消费者的保护过程中,应当以教育为主,将事后的被动解决纠纷向事前积极预防转化,在偏远地区开展金融知识的宣传和教育活动来提高消费者的自我保护能力是实现这种转化的一个关键点。从各行业协会和金融机构的角度来说,应该主动深入开展多种形式的教育宣传活动,尤其对于热点金融问题要重点宣传,例如互联网金融诈骗、误导等事件,要及时向民众做好预防教育和风险提示。一方面,政府及各部门协同普及金融业务的有关概念,从而促进消费者安全意识的提高;另一方面,引导消费者树立正确的投资观念,提高其风险预防能力,做好自身的预防工作。

针对以上问题,对症下药才能更好地推动普惠金融的发展,为此我们提出了以下建议:第一,利用数字技术,完善风险防范机制。普惠金融借助数字技术快速发展的同时,带来了诸多的监管问题,但是只要将数字技术合理运用,其创新能够运用于监管过程中,提升监管的质量。传统的金融机构相比于数字普惠金融来说,最重要的优势就是客户信息和资金流向,而如果将数字技术运用于传统金融机构,传统金融机构的发展将更进一步。第二,完善征信体系监管,推动信用评级机构升级。在信息如此丰富的时代,信息保护意识不断增强,公开合理采集信息与信息所有者隐私之间的矛盾将是监管部门面临的重要难题。这要求监管机构不仅要加强对机构的引导,同时也应加强对信息数据的流向监控,保证信息的安全。此外,当前的信用评级机构还存在缺陷,评级水平有待提高,而监管部门应鼓励信用评级机构合理改革,进一步完善机构的评级系统,让评级更客观、更全面。第三,推动数字普惠金融国际化,加强各国间的交流合作。在近些年的国际会议中,多次提到关于数字普惠金融的问题,并且重点关注了有关普惠金融的数据收集。在国际合作日益紧密的背景下,数字普惠金融也在不断完善,而我国在普惠金融、互联网金融等方面有较为丰富的发展经验,尤其在数字技术方面,处于世界领先的地位,应当充分发挥自身优势与其他国家和地区进行实践交流。

第二节 新时代普惠金融可持续发展中的财政支持方式

一、加大对金融基础设施建设的支持力度

2019年,财政部联合央行等四个部门联合发布的《关于金融服务乡村振兴的指导意见》(以下简称《意见》)提出要促进金融服务乡村振兴,构建以服务乡村振兴为核心的现代金融体系,最终实现普惠金融。《意见》还提出,对于农村金融服务体系建设要具备多层次、广覆盖、可持续和适度竞争四个特征,并且明确了不同类型金融机构的目标。其中,在开发性、政策性金融机构方面,促进其在业务范围内为乡村地区提供中长期信贷支持;在商业银行方面,明确其战略定位,增加其对县域地区的信贷投放,保证县域贷款保持高水平增速。《意见》还提出,农村地区互联网金融发展应符合规范要求,在利用云计算、区块链等新兴技术的基础上,增大涉农信贷的监管水平。强化涉农信贷信息管理,创新农村信用体系,在合理控制风险的基础上,逐步提升信贷发放水平。

可以看出,金融基础设施之于金融发展,如同道路、桥梁、机场、港口之于经济建设,对整个金融市场的效率影响是深远的。金融基础设施是未来普惠金融发展的核心基础,是普惠金融健康可持续发展的必要条件。财政支持普惠金融体系建设中的一项重要内容就是不断完善前后台的基础设施,为扩大金融产品与服务的普及程度提供平台。从目前的阶段来看,财政部门应该强化支付清算、征信体系和数字化设施等方面的金融基础设施建设。尽管这些基础设施的具体落实者在央行系统,但也需政府从财政和数

据方面给予支持。

(一)开发完善现代化支付清算系统

能否获取金融资源的关键一环在于能否拥有安全便捷的支付系统,服务于日常支付清算、汇款转账等业务。横观国际各国的普惠金融实践,开发支付系统一直都是政府部门的重要任务,如肯尼亚的M-PESA移动支付体系、俄罗斯的电子货币支付渠道等。在我国,以微信、支付宝为代表的移动支付起步早,规模大,又受益于背后互联网巨头的技术支持和国家监管部门的包容监管,现在已经领先全球,但其主要服务对象是城镇地区,并没有完全覆盖到农村地区、边远地区的低收入人群。因此,政府必须主导开发、完善现代化的支付清算体系。将传统银行账户、ATM和POS等线下支付方式和移动、网络支付方式相结合,开辟出我国包容性的支付清算体系,助力农村和偏远地区的金融发展,推动金融服务点的建设,让移动支付真正地便于人民,服务于人民,真正体现出"普惠"二字。

(二)加快建设广覆盖的征信体系

征信体系建设是降低金融交易成本、推进普惠金融发展、规范金融市场秩序的基础性工程。2013年《征信业管理条例》颁布之后,征信体系建设飞速发展,金融信息数据库已经成功建立,市场化的征信机构取得了重大突破,但仍面临着覆盖范围不够广、数据信息不够全面等问题。在各地推进普惠金融发展的过程中,一个约束性的难题是农村地区征信体系缺失,农户和小微企业普遍缺乏信用记录,这是金融机构不愿开展普惠性质贷款的重要原因之一。即使在兰考这样的试验区,也不得不采用先无差别授信、再持续培养信用的方式来绕开这个难题。因此,如今当务之急是建设宽口径、广覆盖的征信体系,完善守信联合激励和失信联合惩戒制度,这同样也是保障金融机构大胆开展普惠业务的基础。

(三)强化数字金融基础设施建设

数字普惠金融的关键在获取准确、全面、及时的信息,这就要求建设完善的数字化金融基础设施,《G20数字普惠金融高级原则》也明确指出要扩展数字金融服务基础设施。具体来说,数字金融基础设施应包括数字身份证和电子化客户认证、开放式电子支付、清算结算数字化系统、数字化政府服务、数字化技术规则等方面。我国还需在这些层面加大投入、继续发力,同时需要平衡好数字化过程中的创新与风险,保护个人隐私和数据安全。

(1)采取资金扶持或者政策便利的方式助力金融科技创新。比如美国金融消费者保护局从2012年11月启动项目催化计划,促进各国政府探索政企合作方式,降低金融排斥。2016年9月,新加坡金融监管局联合瑞士金融市场监管局出台了一份合作协议,协议中提出有关新兴Fintech(金融科技)趋势及监管相关的创新事宜,在彼此管辖权范围内金融科技企业提供与本土公司相同的支持。单独从银行业来说,各国监管机构倾向于支持"负责任的创新",鼓励银行"创新或改良金融产品、服务和流程,以符合银行业整体商业战略再配合成熟风险管理的方式,满足社会、企业和消费者持续调整的需求"。

(2)财政可以支持国有金融机构通过设立子公司作为孵化器,培育自主研发和应用能力。银行可以成立科技创新实验室,对接创新企业、科技公司及科研院所等机构,重点突破区块链、人工智能、监管科技等核心领域的技术研发,在创新金融科技的同时储备科技人才。目前国外领先的商业银行已经快人一步,率先完成IT基础设施建设,为金融科技的发展提供有力工具。例如澳洲联邦银行建立起完整的双速IT架构,为普惠金融业务和传统业务的双向及差异化发展打下基础;新加坡星展银行云战略深化率达到93.8%,能够将所有的应用及客户渠道迁移至云端,同时以API为基础,从传统点到点的渠道业务模式快速向"平台化+生态圈"模式转变。

(四)加强金融消费者权益保护

在构建普惠金融体系的过程中,既要让普惠对象以可负担的成本获得所需要的金融资源,又需加强对金融消费者的权益保护,不能让"劣质"的金融产品和服务充斥于金融市场。进入数字普惠金融阶段以来,借助信息技术以及互联网平台,实质性交易处理已经大量隐藏至后台,金融消费者往往只能面对极简化的操作流程和标准化的业务描述,缺少进一步风险质询和疑问解答途径。金融消费者处于信息弱势,客观上这更迫切地需要"负责任"的金融。笔者认为,应该从下述三个方面提供财政支持来保护消费者权益:一是财政出资建立专业性的金融消费者保护基金,负责普惠金融领域的专项补偿、纠纷调解和风险处置;二是会同央行、银保监会等部门建立完善的纠纷解决机制,切实降低金融消费者的维权成本;三是加大数据安全方面的投入,谨防金融科技快速发展衍生出的信息泄露、侵犯消费者隐私等问题。

二、引导金融机构市场化竞争运作

银行传统信贷服务领域相对固定,各个金融机构在这些领域内长时间的竞争已经难以实现效益的增长。而在金融服务相对空白的普惠金融领域，还存在较大的市场等待开发，例如收益较高的大众化消费金融服务。在我国，主要的消费金融服务供给方为商业银行、消费金融公司以及互联网金融平台，而商业银行凭借雄厚的资本成为其中的霸主。居民消费支出增速虽然有所放缓，但是仍旧保持均速高位稳定增长，消费金融市场潜力巨大。同时，未来一段时间以80后、90后为代表的年轻消费群体将成为银行的核心客户。年轻的消费群体意味着较强的接受能力，他们伴随着互联网成长，乐于借助杠杆消费，在追求品质生活的同时实现财富跨期配置，乐于尝试新型的融资服务模式。相比于老一辈，年轻群体的"试新"心理更有利于突破创新，使其成为推动金融创新的中流砥柱。而金融科技的发展正符合这种趋势，它为金融机构提供多元化、移动化、个性化的消费金融服务奠定了技术基础，金融机构若想在消费信贷领域抢得有利先机，打造基于金融科技新兴的场景化是不错的选择。

吸取国际经验，结合目前我国的发展现状，普惠金融的发展未来将更多地依赖市场作用而非政府支持，财政资金支持金融机构的普惠金融业务具有不可持续性，应该转变为促进金融机构在普惠金融方面实行市场竞争。财政直接补贴的方式方法应逐步退出，转变为对开展普惠金融卓有成效的金融机构进行增量奖补，对普惠金融服务质量优良的金融机构进行奖补，创建金融机构竞争性普惠金融环境。但是财政在实施直接补贴退出和奖补鼓励市场竞争中应该注意以下几点。

（1）财政补贴的退出不能盲目，这是一个循序渐进的过程，应与普惠金融的发展阶段相适应。就目前来看，我国仍需要财政支持推动普惠金融的发展，例如我国目前还在予以财政支持的农村金融机构定向费用补贴、创业担保贷款贴息及奖补、农业保险保费补贴等，此时应当双管齐下，财政支持是一方面，同时也要增量奖补鼓励金融机构竞争行为。但是，要在两者资金支持力度上进行调节，资金支持应更多地体现在普惠金融市场竞争性发展，而相对减少财政的直接补贴。

（2）财政对于金融机构的普惠金融业务增量奖补需视量而定，对待规模大小不同的金融机构，可以采取不同的奖补方案。针对大型金融机构，对它的增量应按百分比来度量，当其增加百分比达到一定比例，财政进行奖补；而针对中小金融机构，对它的增量应按数量来度量，当其增加数量达到一定比例，财政进行奖补。其中，中小金融机构的增量数量可以进行细致区分，对中型金融机构、小型金融机构和微型金融机构实施不同的额度增量奖补。

(3)财政需建立合理有效的评价体系来对金融机构的普惠业务质量进行评估。财政可以评价体系得出合理有效的评估结果,进而对表现优良的金融机构实施奖补,优秀的方面编入评价指标。同时,服务质量评价体系反过来又作为普惠金融服务的目标标杆,为其发展提供指南,二者相辅相成。

三、强化支持金融素养教育

目前我国居民的金融素养和能力尚待提高,金融专业知识储备不足,"买者自负"的风险意识、还本付息的信用意识和有序维权的法制意识还比较淡薄,金融消费者知识教育任重道远。金融素养也一直是困扰普惠金融推行的焦点问题:大量农民群体、贫困人群或不甚了解种种普惠金融产品的特点、优势和办理渠道,或缺少按时还款、培育信用的意识,或不懂资金支出规划;金融机构需增加服务成本,客观上降低了其服务的积极性;金融科技快速发展的当下,金融产品的复杂程度加剧了普惠金融的碎片化、个性化、微型化。因此,加强金融素质教育刻不容缓,只有全面提高公民的金融素养,才能推动普惠金融可持续发展。

从我国的实际来看,财政应该主要从以下三个方面发力来强化金融素养教育。

(1)持续提高重点人群的金融素养水平。这里的重点人群主要指农民群众、边远地区居民和城镇低收入群体,这些群体了解金融知识的渠道不多,严重缺少正规的金融教育培训,面对他们,我们需结合其群体特征对症下药。财政部门应当大力支持"金融知识下乡",通过给予一定的资金奖补激励的方式鼓励金融机构深入基层宣讲金融知识,同时总结归纳金融知识普及的典型经验和服务模式,做成案例进行标准化、规范化以推广。

(2)要积极应对数字技术带来的挑战。数字金融发展奠定数字普惠金融的技术基础和金融生态基础的同时,也埋下了"数字鸿沟"的巨大隐患。在金融素养教育中,也必须合理应对数字技术的挑战,趋利避害,利用数字技术的优良特性,开发更多与数字时代和人口结构变化相适应的金融教育工具。财政部门应当提高对此方面的支持力度。

(3)将金融知识教育应纳入国民教育体系,从根本上提高全民整体金融素养。财政部门应与金融监管部门、教育部门和学校等多方共同配合,在国民教育体系中各层级、全方位的实施金融知识普及教育工作,构建"金融惠民工程"的长效机制,这是提升居民金融素养的根本之策。

四、提高财政的风险分担力度

目前金融基础设施的不完善和政府公共服务的缺位,是导致普惠金融出现客户维护和管理成本高、缺乏规模效应、风控压力大、可持续性不足等问题的主要原因。这也在一定程度上降低了金融机构参与的积极性,为此政府部门应当提高风险分担力度,免除金融机构的后顾之忧。财政部门可以从两个方面着手:

(一)建立有效的风险分担机制,减轻金融机构的风险管理压力

保障金融机构参与普惠金融体系的经济效益和社会效益,财政部门可以通过多种手段来加强对金融机构的政策性支持,改善普惠业务的财务状况。

(1)财政出资建立准公共定位的政策性融资担保机构,包括农业信贷担保、创业贷款担保、小微企业贷款担保等,分层次、分步骤建设健全政策性融资担保体系。在此基础上,不断加大财政补贴力度,稳步提升外部增信力度和风险补偿力度,既切实降低小微企业和"三农"建设的综合融资成本,又适度降低普惠金融业务的信用风险。

(2)发挥财政资金的杠杆作用。以财政资金撬动社会资本进入风险分担体系。积极探索打造政府、金融机构、社会资本三方参与的模式,采用出资入股与无偿捐资的方式,以提升风险分担基金的资金实力。

(3)创新风险分担机制。财政部门应主动牵头,开展"政府+银行+保险+担保"的四位一体的风险共担模式,多方各自发挥特长,共同参与、合理分担、信息共享,既调动金融机构的积极性,又有效防范普惠金融业务的高风险。

(二)健全公共服务体系,从根本上降低普惠金融的风险

普惠金融业务的高风险,部分源自于普惠对象资信水平较差,同时也与政府公共服务缺位有关。补足普惠金融中公共服务体系的缺口,从源头上减少普惠金融的风险,是财政应重点关注之处。

(1)建设综合化的普惠金融开放平台。部分地区先行开设"金融超市"式的普惠金融开放平台卓有成效,政府、金融机构、企业和个人通过开放平台,既可以实现多元化金融产品的供需匹配,又能实现金融、税务、社保、环保、海关、市场监管等信用信息共享。因此可以在全国层面打造综合化的普惠金融开放平台,实现数据、资源、政策、信息、需求等有效集成,全面构建独具特色的数字普惠金融生态服务体系,实现零距离的普惠金融服务。

(2) 打造特色化的交易平台。为了解决普惠金融服务对象缺乏抵押担保品、金融产品缺乏流动性等问题,各地政府应因地制宜,依据自身特点打造相应的地方特色交易平台。例如,建立农村宅基地抵押登记中心以支持宅基地抵押贷款,建立知识产权流转交易平台以支持专利权、商标权等知识产权融资,建立地方性股权交易中心以支持小微企业股权融资。

(3) 直接财政出资建立政策性普惠金融机构。一方面,穆罕默德·尤金斯在《普惠金融改变世界》中指出,传统的市场化金融机构并不能真正实现普惠金融可持续发展。①他主张建立一种不以营利为目的"社会企业",这种企业的唯一使命是为有需要的人提供福利,所创造的利润只会进一步地为有需要的人服务。另一方面,我国的金融体系结构改革也要求商业性金融、开发性金融、政策性金融和合作性金融合理分工、协调共进。在这二者的基础上,考虑建造普惠金融专门化银行类金融机构,以特殊地区的人群为主要服务对象,这些地区具体包括偏远山区、边疆地区、民族地区、革命老区以及贫困地区,着眼于为这些地区和人群造血扶贫和改善生活,从而与市场化的普惠金融机构相互配合、各专所长。

五、促进财政金融政策联动

中国应该加大措施强化财政金融联动机制,二者协互交融,提升普惠金融服务。财政支持最有效的推进机制应该是财政政策、金融发展、财政金融三者联动共同促进普惠金融发展,形成"1+1+1＞3"的效果。弱势群体的普惠金融服务离不开政府资金的注入,财政通过补贴、担保等手段降低金融机构的风险和成本。金融机构创新普惠产品,提供更多样化的抵押担保方式,两者相互补充,增加对弱势群体的授信,为弱势群体普惠金融提供便利化。

具体而言,财政协作对象应该包括整个金融体系。目前为止,虽然各地区财政协作对象有向基金公司、保险公司、担保机构等非银行体系扩散的趋势,但是更多的力度还是放在央行、银保监会等监管机构以及银行机构。实际上当前普惠金融发展中的中坚力量除了银行,保险、担保等其他金融机构的作用也不能视而不见。财政应该在重视"财政＋银行"联动的同时,加大对"财政＋保险"、"财政＋担保"等财政金融联动手段的重视程度。

---

① 穆罕默德·尤金斯创立的格莱珉银行在发展后期贷款利率偏高,遭到市场质疑,被认为是偏离了其宗旨,出现了普惠金融的"使命漂移"。对此,尤金斯开始思考商业金融机构能否做到社会责任和商业利益的平衡、能否真正实现普惠金融可持续发展。

(一) 优化"财政+银行"联动

银行在开展普惠金融活动中,风险是银行重点注意的方面。财政应该建立普惠金融长效的、常规化的风险补偿机制,建立小微企业、"三农"建设风险补偿基金,成立以财政为主体的资产管理公司,防止银行在此过程中因背负不良贷款率上升的压力而负驾前驱。而资产管理公司经营和善[①],也可以保持可持续性发展。除此以外,对于资金奖补的具体实施,各地财政应该根据银行普惠金融开展情况、产品情况进行奖补,更具有针对性。

(二) 优化"财政+保险"联动

从涉农贷款增速可以看出,农村地区的贷款偏好不如小微企业。对于农民而言,农业产出是立身根本。但是对于收成依赖自然情况的农业,其实风险极高,很需要通过保险形式的金融服务来降低风险。然而保险机构不同于银行体系,不存在数量巨大的下设网点,因此在推广方面应该联合财政。财政可以利用资金为保险打造梯级宣传模式。因为农村地区的农民平常接收的宣传信息一般来自于村支书或村主任,财政可以把文件下达到地方财政,然后地方财政将信息传达给各村支书或村主任,由村支书或村主任向村民宣传。除了宣传方面,财政还可以对保险机构进行产品创新奖补。对于农业产品种植具有特色化的地区,当地财政应出资鼓励保险机构因地制宜,创新特色保险服务当地农民。

(三) 优化"财政+担保"联动

普惠金融的发展离不开担保公司的重要发挥,然而担保公司目前却受限于业务过于多元化、担保费用过高等问题,导致担保手段未能在普惠金融中发挥出自身作用。对于财政而言,可以通过财政再担保、担保机构增量和增质奖补等手段,分担担保机构风险,激发担保机构普惠活力。这样可以利用担保工具的杠杆作用,只通过财政较少的资金,撬动较大规模资金的金融服务。担保公司的担保费用可以弥足自身的经济收益,不会类似奖补、贴息那样需要财政持续大额投入。相反,担保公司在提供普惠金融服务的同时,捕捉到的客户信息等可以促进政府信用数据的收集,搭建信用数据平台。

(四) 优化多方联动

财政金融联动方式,除了上述所说的"财政+银行"之类的一对一联动

---

① 资产管理公司在经营时更加站在客户的角度周全地考虑问题,而不是只为自身考虑一味地盲目逐利。

外,更应该发展的是多方联动,财政更应该优化多方联动方式。

(1) 优化"财政＋银行＋保险"联动。在"财政＋银行"联动基础上,借助保险工具,利用保险的分散风险、补偿损失功能搭建更优化的风险共担机制。反之,保险也可以借助银行体系宣传自己,结合财政支持,增加保险在农村地区的普及率。

(2) 优化"财政＋银行＋担保"联动。现有的"财政＋银行＋担保"联动表现为财政提供融资增信、担保公司提供融资担保、银行提供融资的方式。此类风险共担的模式固然能够促进金融机构的发展,但是因为此类联动方式的主观能动性取决于担保公司和银行。有时担保公司和银行出于逐利考虑,会出现使命漂移,政府应该更多地去约束、管理这类联动模式的运行。同时,"财政＋银行＋担保"联动显著助推普惠金融发展,可以作为财政支持的方向。

(3) 优化"财政＋保险＋期货"联动。保险与期货是风险转移的重要方式,如果能够基于财政支持,两者联动可以发挥出更好的风险规避作用。但是目前受限于期货市场发展欠缺、"保险＋期货"成本问题等,产品难以推广。首先,财政应该支持期货市场建设,完善价格发现机制、扩展期货种类等。其次,中央政府补贴应具备偏重性。我国目前"保险＋期货"服务重点在农民,然而农产品产区通常是财政弱省,地方财政补贴保费压力过大,这时中央财政应该更具备偏重性。最后,搭建一个财政构建平台,建立"保险＋期货"联合抵御风险的联动体系。

六、财政奖补政策应动态调整

如今我国的普惠金融已经进入新阶段,相应也出现了新特性。原有的财政政策效果可能大打折扣,应该相应做出新的调整。首先,原有的奖励、贴息等政策对金融机构的吸引力呈现下降趋势,部分金融机构的财政奖补所"得"不偿高业务成本、高信用风险之"失",这一点在农村地区、偏远山区体现尤为明显。其次,以浙江台州、河南兰考等为代表的部分地区探索出了一条可行的普惠金融发展道路,当地金融机构已经可以完全市场化地开展普惠业务,在没有财政奖补的条件下也能够从中获益。最后,我国政府过去在光伏、新能源动力等领域的产业政策的经验教训仍需重视,不能在普惠金融上再发生高额补贴导致企业重量而轻质、其他行业企业涌入以求骗补套补、退补时企业净利润大幅度下降等现象。

自2019年起,我国不再执行县域金融机构涉农贷款增量奖励以及PPP项目以奖代补,表明财政部已经意识到要根据市场现状调整奖补政策。但是，要进一步提高普惠金融的可持续性，财政奖补政策还需要更加灵活地进行调整。

（1）因时制宜，必须在普惠金融发展的不同阶段侧重不同的方向、范围和对象进行奖补。在现阶段，应减少直接性的财政奖补，增加间接性的信用增进（包括风险缓释、风险补偿和风险分担等方式）。由此而结余的专项资金应主要转向金融基础设施建设、普惠金融公共服务等领域。最关键的，是要激发金融机构开展普惠业务的内生动力，让普惠业务有利可图，且利益来源于市场而不是政府。

（2）因地制宜，必须根据各地金融生态环境、地方金融特点和财政资金充裕程度来进行差异化支持。在东部地区，金融机构往往已经能够从普惠业务中获利并可持续，因此不需要当地财政部门进行过多支持和奖补；而在中西部地区，尤其是中西部的农村地区、偏远山区，当地政府不仅需要对金融机构进行有力的奖补和支持，还需要为落后的金融基础设施补课。

（3）因式制宜，必须采取创新财政支持方式，采取多样化的奖补方式和风险分担方式，将增量奖励和增质奖励相结合，将短期补贴和长期奖励相结合，防止金融机构的普惠业务过度依赖补贴以及企业骗补、套补等现象出现。

参考文献

[1] Acemoglu, Daron, Akcigit et al. Innovation, Reallocation, and Growth [J]. American Economic Review, 2018,108(11):2450—2491.

[2] Arora, R. U. Measuring Financial Access[J]. Discussion Papers in Economics,2010,(7):1—21.

[3] Aziz Jahangir, Duenwald Christoph. Growth—Financial Intermediation Nexus in China [J].IMF Working Papers.2002, 2002(194):16.

[4] Bagehot Walter. Lombard Street[M]. London: Henry S. King and Co, 1873.

[5] Bator F M. The Anatomy of Market Failure [J]. Quarterly Journal of Economics, 1958, 72(3):351—379.

[6] Boot, A., Thakor, A. Financial System Architecture[J]. The Review of Financial Studies, 1997, 10(3):693—733.

[7] Brown J R , Petersen F . Financing Innovation and Growth: Cash Flow, External Equity, and the 1990s R&D Boom[J]. The Journal of Finance, 2009, 64(1): 151—185.

[8] Burgess, Robin, Pande, Rohini. Do Rural Banks Matter? Evidence from the Indian Social Banking Experiment[J]. The American Economic Review, 2005, 95(3):780—79.

[9] Czarnitzki D , Hottenrott H . R&D investment and financing constraints of small and medium—sized firms[J]. Small Business Economics, 2011, 36(1):65—83.

[10] Easterly W. The White Man's Burden: Why the West's Efforts to Aid the Rest Have Done so Much and so Little Good[M]. New York: Penguin Press, 2006.

[11] Goldsmith, R. W. Financial Structure and Development[M]. New Haven, CT: Yale University Press, 1969.

[12] Guo D., Guo, Y., Jiang K. Government-Subsidized R&D and Firm Innovation: Evidence from China[J]. Research Policy, 2016, 45(6): 1129-1144.

[13] Hicks J R . A Theory of Economic History[J]. OUP Catalogue, 1969.

[14] Hoff, K., and J. E. Stiglitz. Introduction: Imperfect Information and Rural Credit Markets: Puzzles and Policy Perspectives[J]. The World Bank Economic Review, 1990,4(3): 235-250.

[15] Huang Y, Xun W. Does Financial Repression Inhibit or Facilitate Economic Growth? A Case Study of Chinese Reform Experience[J]. Oxford Bulletin of Economics & Statistics, 2011, 73(6):833-855.

[16] Jeanneney S G, Ping H, Liang Z. Financial Development, Economic Efficiency and Productivity Growth: Evidence from China[J]. Developing Economies, 2006, 44(1):27-52.

[17] Kempson E, Atkinson A, Pilley O. Policy level response to financial exclusion in developed economies: Lessons for developing countries [R].Report of Personal Finance Research Centre, University of Bristol, 2004.

[18] Kempson E., C. Whyley. Kept out or opted out? Understanding and combating financial exclusion[M]. Bristol UK: Policy Press,1999.

[19] Koku P S. Financial exclusion of the poor: A literature review[J]. International Journal of Bank Marketing, 2015, 33(5):654-668.

[20] Lam, W. Funding Gap, What Funding Gap? Financial Bootstrapping: Supply, Demand and Creation of Entrepreneurial Finance[J]. International Journal of Entrepreneurial Behaviour & Research, 2010(4): 268-295.

[21] Li J, Wu Y, Xiao J J. The impact of digital finance on household consumption: Evidence from China[J]. Economic Modelling, 2020, 86: 317-326.

[22] Lusk J L. Distributional effects of crop insurance subsidies[J]. Applied Economic Perspectives and Policy,2016,33(4):257-289.

[23] Morgan, P. & Pontines, V. Financial Stability and Financial Inclusion [R]. World Bank Working Paper, 2014.

[24] Morrison, O'Brien R. Bank branch closures in New Zealand: The application of a spatial interaction mode [J]. Applied Geography, 2001

(21):301—330.

[25] Ozili P. Impact of Digital Finance on Financial Inclusion and Stability [J]. Borsa Istanbul Review,2018(4):329—340.

[26] Rajan, R. and Zingales, L. Financial Dependence and Growth [J]. American Economic Review,1998,88(3):638—646.

[27] Sarma M. Index of Financial Inclusion[R]. Discussion Papers in Economics,Jawaharlal Nehru University,2010(11):1—28.

[28] Zhu X, Asimakopoulos S, Kim J. Financial Development and Innovation—Led Growth:Is Too Much Finance Better?[J].Journal of International Money and Finance. 2020(1):20—63.

[29] 爱德华·肖.经济发展中的金融深化[M].上海:上海三联书店,1988.

[30] 白俊红,蒋伏心.协同创新、空间关联与区域创新绩效[J].经济研究,2015,50(7):174—187.

[31] 包心鉴.新时代的科学内涵与新思想的鲜明特质[J].当代世界与社会主义,2018(1):19—25.

[32] 贝多广,张锐.包容性增长背景下的普惠金融发展战略[J].经济理论与经济管理,2017(2).

[33] 蔡红艳,阎庆民.产业结构调整与金融发展:来自中国的跨行业调查研究[J].管理世界,2004(10):79—84.

[34] 蔡则祥,杨雯.普惠金融与金融扶贫关系的理论研究[J].经济问题,2019(10):26—31+86.

[35] 易行健,周利.数字普惠金融发展是否显著影响了居民消费:来自中国家庭的微观证据[J].金融研究,2018(11):47—67.

[36] 丁杰.互联网金融与普惠金融的理论及现实悖论[J].财经科学,2015(6):1—10.

[37] 葛和平,朱卉雯.中国数字普惠金融的省域差异及影响因素研究[J].新金融,2018(2):47—53.

[38] 曾康霖.关于金融抑制论的再审视[J].经济学动态,2004(5):75—78.

[39] 陈峰.论产业结构调整中金融的作用[J].金融研究,1996(11):23—27.

[40] 陈雪.新金融形势下加快银行系信托公司普惠金融发展研究[J].现代商业,2019(11):81—82.

[41] 邓晓娜,杨敬峰,王伟.普惠金融的创业效应:理论机制与实证检验[J].金融监管研究,2019(1):53—68.

[42] 杜超.普惠金融视角下政府与市场关系问题研究[D].延安:延安大学,

2015.

[43] 杜晓山.建立可持续性发展的农村普惠性金融体系:在2006年中国金融论坛上的讲话[J].金融与经济,2007(2):33—34+37.

[44] 杜晓山.小额信贷与普惠金融体系[J].中国金融,2010(10):14—15.

[45] 高建平,曹占涛.普惠金融的本质与可持续发展研究[J].金融监管研究,2014(8):1—18.

[46] 高培勇.理解、把握和推动经济高质量发展[J].经济学动态,2019(8):3—9.

[47] 郭田勇,丁潇.普惠金融的国际比较研究:基于银行服务的视角[J].国际金融研究,2015(2):55—64.

[48] 何德旭,苗文龙.金融排斥、金融包容与中国普惠金融制度的构建[J].财贸经济,2015(3):5—16.

[49] 何荔,林永茂.政府失灵及其矫正[J].学习与探索,2002(3):30—33.

[50] 赫尔曼,穆多克,斯蒂格利茨.金融约束:一个新的分析框架[M].北京:中国经济出版社,1998.

[51] 胡滨.数字普惠金融的价值[J].中国金融,2016(22):58—59.

[52] 黄敦平,徐馨荷,方建.中国普惠金融对农村贫困人口的减贫效应研究[J].人口学刊,2019,41(3):52—62.

[53] 黄益平,黄卓.中国的数字金融发展:现在与未来[J].经济学(季刊),2018,17(4):

[54] 黄益平.数字普惠金融的机会与风险[J].金融发展评论,2017(8):14—19.

[55] 纪琼骁.麦克米伦缺欠与中小企业政策性融资[J].金融研究,2003(7):111—118.

[56] 姜再勇,魏长江,姚敏.政府参与普惠金融发展的动因、方式和边界[J].南方金融,2017(10):13—17.

[57] 姜再勇.普惠金融的逻辑[J].中国金融,2016(18):76—77.

[58] 姜振水.农村数字普惠金融发展与实现路径[J].农村金融研究,2017(4):49—53.

[59] 焦瑾璞,陈瑾.建设中国普惠金融体系[M].北京:中国金融出版社,2009.

[60] 焦瑾璞,孙天琦,黄亭亭,等.数字货币与普惠金融发展:理论框架、国际实践与监管体系[J].金融监管研究,2015(7):19—35.

[61] 焦瑾璞.构建普惠金融体系的重要性[J].中国金融,2010(10):12—13.

[62] 焦瑾璞.普惠金融的国际经验[J].中国金融,2014(10):68—70.

[63] 凯恩斯.就业利息与货币通论[M].徐毓枬,译.北京:商务印书馆,1983.

[64] 邝希聪.货币政策引导下中国金融减贫的机理与效应[J].金融经济学研究,2019,34(2):72－83.

[65] 蓝虹,穆争社.普惠金融的发展实践及其启示[J].金融与经济,2017(8):76－81＋89.

[66] 李春玲,李实.市场竞争还是性别歧视:收入性别差异扩大趋势及其原因解释[J].社会学研究,2008(2):94－117＋244.

[67] 李均锋.深化供给侧改革助推普惠金融发展[J].中国金融,2019(11):67－69.

[68] 李君.德国、日本、韩国政策性银行的运作[J].国际经济评论,2002(5):39－41.

[69] 李俊生,姚东旻.重构政府与市场的关系:新市场财政学的"国家观""政府观"及其理论渊源[J].财政研究,2018(1):20－32.

[70] 李明贤,叶慧敏.普惠金融与小额信贷的比较研究[J].农业经济问题,2012(9):44－49.

[71] 李涛,徐翔,孙硕.普惠金融与经济增长[J].金融研究,2016(4):1－16.

[72] 李万福,杜静,张怀.创新补助究竟有没有激励企业创新自主投资:来自中国上市公司的新证据[J].金融研究,2017(10):130－145.

[73] 李亚奇.财政支持普惠金融发展:基于议价行为的理论框架[J].青海金融,2019(7):10－14.

[74] 李亚奇.财政支持普惠金融发展逻辑机理与实践经验[J].西部金融,2019(2):80－82.

[75] 李政,杨思莹.财政分权、政府创新偏好与区域创新效率[J].管理世界,2018,34(12):29－42＋110＋193－194.

[76] 李政,杨思莹.创新活动中的政府支持悖论:理论分析与实证检验[J].经济科学,2018(2):88－100.

[77] 刘辉.财政支持普惠金融发展存在问题与建议[J].西部财会,2014(11):49－52.

[78] 刘胜起.金融危机背景下我国政府与市场关系研究[D].北京:北京交通大学,2010.

[79] 刘亦文,丁李平,李毅,等.中国普惠金融发展水平测度与经济增长效应[J].中国软科学,2018(3):36－46.

[80] 卢盼盼,张长全.中国普惠金融的减贫效应[J].宏观经济研究,2017

(8):33—43.

[81] 陆国庆,王舟,张春宇.中国战略性新兴产业政府创新补贴的绩效研究[J].经济研究,2014,49(7):44—55.

[82] 陆岷峰,李蔚.金融供给侧改革中商业银行的担当与实施路径[J].福建金融,2019(6):4—12.

[83] 陆岷峰,沈黎怡.绿色理念下数字普惠金融中消费者权益保护研究[J].西南金融,2016(11):9—13.

[84] 罗纳德·I.麦金农.经济发展中的货币与资本[M].上海:上海三联书店,1988.

[85] 马彧菲,杜朝运.普惠金融指数测度及减贫效应研究[J].经济与管理研究,2017,38(5):45—53.

[86] 牛文元.可持续发展理论的内涵认知:纪念联合国里约环发大会20周年[J].中国人口·资源与环境,2012,22(5):9—14.

[87] 钱水土,周永涛.金融发展、技术进步与产业升级[J].统计研究,2011,28(1):68—74.

[88] 邱兆祥,向晓建.数字普惠金融发展中所面临的问题及对策研究[J].金融理论与实践,2018(1):5—9.

[89] 冉光和,王定祥,熊德平.金融产业可持续发展理论的内涵[J].管理世界,2004(4):137—138.

[90] 邵汉华,王凯月.普惠金融的减贫效应及作用机制:基于跨国面板数据的实证分析[J].金融经济学研究,2017,32(6):65—74.

[91] 时波.外部环境建设支持普惠金融发展实践与思考[J].区域金融研究,2018(10):67—72.

[92] 宋晓玲.数字普惠金融缩小城乡收入差距的实证检验[J].财经科学,2017(6):14—25.

[93] 粟芳,方蕾."有为政府"与农村普惠金融发展:基于上海财经大学2015"千村调查"[J].财经研究,2016,42(12):72—83.

[94] 粟芳,方蕾.中国农村金融排斥的区域差异:供给不足还是需求不足?——银行、保险和互联网金融的比较分析[J].管理世界,2016(9):70—83.

[95] 孙璐璐.普惠金融可持续发展研究:基于兰考县普惠金融改革试验区实践[J].金融理论与实践,2018(9):45—50.

[96] 孙天琦,汪天都,蒋智渊.国际普惠金融指标体系调查:进展、比较与启示[J].金融监管研究,2016(4):32—45.

[97] 唐松,伍旭川,祝佳.数字金融与企业技术创新:结构特征、机制识别与金融监管下的效应差异[J].管理世界,2020,36(5):52—66+9.

[98] 唐松.新中国金融改革70年的历史轨迹、实践逻辑与基本方略:推进新时代金融供给侧改革,构建强国现代金融体系[J].金融经济学研究,2019,34(6):3—16.

[99] 滕磊,马德功.数字金融能够促进高质量发展吗?[J].统计研究,2020,37(11):80—92.

[100] 田霖.我国金融排斥空间差异的影响要素分析[J].财经研究,2007(4):107—119.

[101] 托马斯·赫尔曼,凯文·穆尔多克,约瑟夫·斯蒂格利茨.金融约束:一个新的分析框架[J].经济导刊,1997(5):43—48.

[102] 庹国柱,朱俊生.关于我国农业保险制度建设几个重要问题的探讨[J].中国农村经济,2005(6):46—52+74.

[103] 万佳彧,周勤,肖义.数字金融、融资约束与企业创新[J].经济评论,2020(1):71—83.

[104] 汪伟,潘孝挺.金融要素扭曲与企业创新活动[J].统计研究,2015,32(5):26—31.

[105] 汪小松."互联网＋"背景下我国商业银行普惠金融业务发展探析[J].经济师,2019(6):132—133.

[106] 王曙光,王东宾.双重二元金融结构、农户信贷需求与农村金融改革:基于11省14县市的田野调查[J].财贸经济,2011(5):38—44+136.

[107] 王婷婷,吴建平.政府推进普惠金融的历史使命与前瞻性思考[J].西南金融,2016(10):59—64.

[108] 王永洁.劳动力市场性别差异与女性赋权:基于2016年中国城市劳动力调查数据的分析[J].人口与经济,2019(1):95—109.

[109] 卫晓锋.数字普惠金融的风险与监管[J].金融理论与实践,2019(6):49—54.

[110] 文武,张宓之,汤临佳.金融发展对研发投入强度的阶段性非对称影响[J].科学学研究,2018,36(12):2179—2190.

[111] 吴亚飞,吴继光.金融市场失灵与政府干预[J].现代管理科学,2004(11):116—117.

[112] 谢世清,刘宇璠.普惠金融政策对我国经济增长的影响研究[J].证券市场导报,2019(4):13—21+40.

[113] 谢绚丽,沈艳,张皓星,郭峰.数字金融能促进创业吗？——来自中国

的证据[J].经济学(季刊),2018,17(4):1557—1580.

[114] 谢雪燕,朱晓阳.数字金融与中小企业技术创新:来自新三板企业的证据[J].国际金融研究,2021(1):87—96.

[115] 星焱.普惠金融:一个基本理论框架[J].国际金融研究,2016(9):21—36.

[116] 星焱.普惠金融的效用与实现:综述及启示[J].国际金融研究,2015(11):24—36.

[117] 徐忠.新时代背景下中国金融体系与国家治理体系现代化[J].经济研究,2018(7).

[118] 徐子尧,张莉沙,刘益志.数字普惠金融提升了区域创新能力吗[J].财经科学,2020(11):17—28.

[119] 杨静.巴西提升金融服务可得性的实践与启示[J].国际金融,2015(6):11—15.

[120] 杨伟中,余剑,李康.金融资源配置、技术进步与经济高质量发展[J].金融研究,2020(12):75—94.

[121] 姚世新.浙江农信普惠金融可持续性实践研究[J].上海金融,2015(12):85—88.

[122] 尹应凯,侯蕤.数字普惠金融的发展逻辑、国际经验与中国贡献[J].学术探索,2017(3):104—111.

[123] 余明桂,潘红波.政府干预、法治、金融发展与国有企业银行贷款[J].金融研究,2008(9):1—22.

[124] 俞罡.金融发展过程中政府与市场的关系[J].宁波经济(财经视点),2005(4):10—11.

[125] 俞亚丽.我国可持续发展理论:进展与评价[J].经济理论与经济管理,2000(3):76—80.

[126] 张江涛.基于互联网视角的普惠金融商业可持续性研究[J].金融与经济,2017(2):71—74.

[127] 张龙耀,马倩倩,刘荣茂.金融普惠的群体差异性:市场失灵还是制度缺陷[J].经济评论,2018(3):103—115.

[128] 张世春.小额信贷目标偏离解构:粤赣两省证据[J].改革,2010(9):63—68.

[129] 张勋,万广华,张佳佳,何宗樾.数字经济、普惠金融与包容性增长[J].经济研究,2019,54(8):71—86.

[130] 张一林,龚强,荣昭.技术创新、股权融资与金融结构转型[J].管理世界,2016(11):65—80.

[131] 张忠宇.我国农村普惠金融可持续发展问题研究[J].河北经贸大学学报,2016,37(1):80-85.

[132] 周建荣,姚建峰.浅谈支持大众创业的金融体系建设[J].商业经济研究,2016(8):180-181.

[133] 周俊才.欠发达地区普惠金融可持续发展问题研究:以武威市为例[J].甘肃金融,2015(8):39-41.

[134] 周小川.践行党的群众路线 推进包容性金融发展[J].中国金融,2013(18):9-12.

[135] 周业安.政府在金融发展中的作用:兼评"金融约束论"[J].中国人民大学学报,2000(2):53-59.

[136] 朱民武,曾力,何淑兰.普惠金融发展的路径思考:基于金融伦理与互联网金融视角[J].现代经济探讨,2015(1):68-72.

后　记

从 2019 年完成财政部部省共建联合研究课题"普惠金融发展中的政府定位及财政支持方式研究"开始，我就一直想将全部研究成果以书本的形式呈现。有幸得到国家社科基金(20FJYB043)的资助，相关理论、实践的研究均得到了充实和完善。从第一个字符到最后一个句号，全书历时三年完成。这期间，虽然受到疫情冲击，但普惠金融及金融科技对经济的支撑作用愈发明显，我备感振奋。通过查阅普惠金融和相关国家政策的资料，紧跟前沿，埋头于各种文献资料中寻找线索和灵感，极尽搜索引擎的作用，也曾亲自走访各处企业、村镇进行实地调研，每一点新数据和灵感的收获都令我兴奋不已，急切希望将所获成果以飨读者。

在本项目的研究过程中，得到校内科研人员的支持，部分依靠本人指导的研究生共同完成。同时，也与校外部分企业家和企业管理人员进行了一定程度的合作，受益匪浅。本书中一些结论亦通过期刊发表，由于篇幅原因等，不一一注明。

在此，感谢财政部以及中国财政科学研究院的各位领导和专家的大力支持，给予了本书出现在大家视野之中的契机。感谢湖北人民出版社各位领导和编辑。感谢研究期间各位领域内的专家学者对本书写作提出的相关建议。特别感谢中南财经政法大学各级领导的支持和帮助。感谢所有同事、老师的厚爱！感谢百强高校智库中南财经政法大学产业升级与区域金融湖北省协同创新中心、中南财经政法大学金融科技研究院、中南财经政法大学县域经济与金融工程研究中心的资助。

虽然此书即将付梓，但因本人能力上的欠缺，在研究方法、观点等方面难免存在不足之处。由于疫情原因部分调研数据无法及时更新，本人亦心存遗憾。今后我将继续从事此方向研究，希望在接下来的学习、研究和工作中不断改进，恳请各位专家学者不吝赐教！

徐　晟

2023 年 2 月 27 日